中华先贤人物故事汇

王羲之

高方 著

中华书局

图书在版编目(CIP)数据

王羲之/高方著. —北京:中华书局,2022.11(2024.11重印)
(中华先贤人物故事汇)
ISBN 978-7-101-15863-2

Ⅰ.王… Ⅱ.高… Ⅲ.王羲之(321~379)-生平事迹
Ⅳ.K825.72

中国版本图书馆 CIP 数据核字(2022)第 148448 号

书　　名	王羲之	
著　　者	高　方	
丛 书 名	中华先贤人物故事汇	
责任编辑	傅　可	
美术总监	张　旺	
封面绘画	纪保超	
内文插图	顾梦迪	
责任印制	管　斌	
出版发行	中华书局	
	(北京市丰台区太平桥西里 38 号　100073)	
	http://www.zhbc.com.cn	
	E-mail:zhbc@zhbc.com.cn	
印　　刷	三河市宏达印刷有限公司	
版　　次	2022 年 11 月第 1 版	
	2024 年 11 月第 7 次印刷	
规　　格	开本/787×1092 毫米　1/32	
	印张 5⅛　插页 2　字数 50 千字	
印　　数	16001-18000 册	
国际书号	ISBN 978-7-101-15863-2	
定　　价	22.00 元	

出版说明

孔子周游列国，创立儒家学说；张骞出使西域，开辟丝绸之路；书圣王羲之，留下了曲水流觞的佳话；诗仙李白，写下了"举头望明月，低头思故乡"的名篇；王安石为纠正时弊，推行变法；李时珍广集博采，躬亲实践，编撰医药学名著《本草纲目》……

这些杰出的历史人物，有的是在中华民族文明进程中做出过突出贡献、对后世产生过巨大影响的思想家、政治家，有的是对中华优秀传统文化的传承传播发挥过重大作用的文学家、艺术家、科学家，有的是为国家安定统一、民族融合团结和中外文化交流做出过杰出贡献的军事家、外交家……他们为中华民族的繁荣发展做出了伟大的贡献，他们的行为事迹、风范品格为当世楷模，并垂范后世。

他们是中华民族的先贤人物。他们的思想、品德、事迹，是中华优秀传统文化的结晶；他们的故事，是对中华民族的禀赋、特点和气质最生动、最鲜活的阐释；他们的名字，在五千年中华文明史上最为光彩夺目；他们为五千年中华文明史书写了最为光辉灿烂的篇章。

为了解先贤，走近先贤，我们精心组织编写了这套《中华先贤人物故事汇》丛书，以翔实可靠的史料为依据，细腻动人的故事为载体，真实地呈现中华先贤人物的事迹、品格和精神风貌，彰显他们的贡献和功绩，激发人们对国家民族的热爱，对中华文明、中华优秀传统文化的崇敬。

开卷有益，期待这套丛书成为你的良师益友。

目 录

导　读

　　王羲之（303—361），字逸少，祖籍琅邪临沂（今山东临沂），东晋人，因突出的书法成就而有"书圣"美誉。王羲之早年凭借家族门荫入仕，历任秘书郎、会稽王友、江州刺史、会稽内史等职，累迁右军将军，故世人习称"王右军"。后弃官归隐于山阴剡县金庭，即今天的绍兴嵊州金庭镇，去世后葬于金庭瀑布山。

　　琅邪王氏自西汉博士谏大夫王吉始迁临沂，至王羲之出生时已有三百余年历史，是一个典型的"孝悌之家"。"二十四孝"故事中"卧冰求鲤"的主人公王祥是王羲之的从曾祖父，"二十四悌"故事中"王览争鸩"的主人公王览是王羲之的曾祖父。王览生王正，王正生王旷，王旷生王羲之。

永嘉元年（307），王羲之从伯父王导率全族随琅邪王司马睿南渡驻防建康。王旷与司马睿是姨表兄弟，也是史书所载"南渡"的首倡者。建兴四年（316），匈奴人刘曜进围长安，西晋覆亡，北方进入"五胡十六国"时期。建武元年（317），王导等人扶立司马睿在建康称帝，建立东晋政权。

东晋建立后，王羲之两位从伯父王导官至丞相、王敦官至镇东大将军，亲叔父王彬官至右仆射，王氏家族迅速发展为东晋第一大族，一时之间有"王与马，共天下"的谣谚。唐人刘禹锡诗句"旧时王谢堂前燕"的"王"就是王羲之家族的琅邪王氏，"谢"是王羲之好友谢安家族的陈郡谢氏。

王羲之五岁随家族南渡，幼年丧父后得族中长辈抚育，七岁从卫夫人学书，十三岁在名士周颛的宴会上一举成名，二十岁后娶尚书令郗鉴之女郗璿为妻并入仕为官。王羲之在《答殷浩书》中说自己"素自无廊庙志"，但出仕是世家子弟必须肩负的家族责任。王羲之历仕明帝、成帝、康帝、穆帝四朝，始终处于政治夹缝之中，前期因为王导与庾亮不和，后期因为殷浩与桓温有隙，所以清人鲁一同说"咸康之始，衅生王庾；永和之世，忧在殷桓"。

作为东晋名士，王羲之才华横溢，形象俊美，交友广泛，游处丰富；作为朝堂官员，王羲之爱护百姓，改革弊政，关心家国，心系"北伐"；作为道教信徒，王羲之熟读经典，笃信符箓，采药炼丹，漫游仙山。

东晋政治史上最显赫的王氏家族，在中国书法史上也是独一无二的家族，父子、兄弟、夫妻、姻亲之间的互相传袭成就了东晋书法的一段骄傲，而其中的无上荣光无疑来自王羲之。王羲之先后师从姨母卫夫人和叔父王廙，草书学张芝，楷书学钟繇，博采众长后将汉魏以来的质朴书风化作高古飘逸的新体。唐代张怀瓘说王羲之："尤善书草、隶、八分、飞白、章、行，备精诸体，自成一家法，千变万化，得之神功，自非造化发灵，岂能登峰造极。"

王羲之与钟繇并称"钟王"，与其子王献之

合称"二王"。《快雪时晴帖》被誉为"二十八骊珠",有"天下法书第一"之称。《兰亭集序》则被誉为"天下第一行书",今天的中国书法艺术最高奖被命名为"兰亭奖"。

本书中王羲之生卒年依据历代学者考证,取其最可信者,王羲之生平依据《晋书·王羲之传》《世说新语》和《十七帖》等王羲之手札及少量民间传说。书中还纳入了一些对王羲之人生产生重大影响的亲人、朋友、同僚等,力求使故事更加立体,让读者看到"书圣"光环之外有着与常人同样喜怒哀乐的王羲之。

南 渡

一

西晋末年。

临沂城北。

琅邪王氏老宅，一个靠西的院子里。树影婆娑，阳光正好。

王旷一个人在书房里写字。

书房甚是宽敞，四壁满满的书橱和一个巨大的书案特别引人注目。

这个刚过而立之年的年轻人写得一手好字，以行书和隶书著称于世。

写字算得上是王氏的"家学"，王氏子弟就没有一个字写得不好的。

自从上一年从丹阳狼狈地回来，王旷就经常一个人在屋子里读帖、习字，有时一待就是一整天，直到执卷的左手和执笔的右手都举不起来为止。

没有人知道他在想些什么。

此前，王旷在扬州郡任丹阳太守，原本地方上比较安宁，在他的治理下也算得上是政通人和。但偏赶上一个名叫陈敏的将领发动叛乱，一时势力极为壮大，十分迅速地打到丹阳城下。丹阳人口不多，兵士也少，在援军还没到的时候就失守了。陈敏攻进丹阳城，做的第一件事，就是将地方官王旷驱逐出城。没有被杀，但必须忍受屈辱。虽然朝廷未予追责，准许暂时赋闲度日，但王旷自己心里却着实不好过。

王旷临着钟繇的字帖，不时点头赞许自己，也不时摇头重新写过。

钟繇是三国时期魏国著名的书法家，与三曹均有交谊。他是东汉书法家蔡邕的再传弟子，被称为"楷书鼻祖"。钟繇的书法几乎影响了他之后的所有书家。南朝庾肩吾评其书为"上品之上"，唐朝张怀瓘《书断》评为"神品"。

王旷偶一抬头，发现门外一大一小两个矮矮的身影，互相推搡着欲进欲退。这位年轻的父亲不觉莞尔，他知道那是他的两个儿子，九岁的王籍之和三岁的王羲之。

王旷成亲已有十载，妻子卫氏出身书香门第，容貌清丽、温柔贤良。也许是因为王旷长年在外为官，这许多年只得了这两个儿子，难免分外宝贝。两个儿子在年纪上也正是最可爱、最好玩儿的时候，再不开心的事，见到他们也一扫而空了。

"都进来吧！"王旷眼中带笑，放下手中的纸和笔。

如同得了特赦一般，两个孩子迫不及待地从门帘的缝隙处钻了进来。两人身高差了一大截儿，却是相似的眉眼，一样的神情。

王旷将王羲之抱起来，贴了贴他柔嫩的小脸，对王籍之说："过来，写几个字给爹爹看看。"

父亲亲近羲之，籍之没有一点儿不高兴。没有弟弟的时候，父亲也是这么待他的，他还记得。

王籍之轻车熟路地绕过父亲的书案，熟练地取

王旷抱着王羲之，看王籍之取笔写字。

了纸笔，半跪着想了想，写下了"天地君亲师"五个字。然后就歪着头看父亲，看得出，他的心里有点小忐忑。

王旷走过来看了看，摸摸王籍之的头说："不错，又有进步了。但是，这里，下笔不要迟疑，要果断。"

他俯着身子指点笔划的时候，王羲之从他怀里探手，一边抓案上的笔一边说："我也要写。"

王旷拿了一支紫毫塞到他手里说："写，等阿菟再大一点爹爹就教你写字！""阿菟"是王羲之的小名，因为老虎有别名"於菟"，家里人希望王羲之能够像小老虎一样健壮成长。

王旷看着两个小儿健康活泼的模样，心里不禁涌上一丝甜蜜。

二

然而，赋闲的王旷也不能总是憋在家里，他最常去的地方是堂兄王导的家。

王导是长房长子，也就是王旷大伯王裁的长

子。王导年少时就风姿飘逸，见识器量清越弘远。陈留高士张公以善于识人著称，在见到十四岁的王导后，就对王导的堂兄王敦说："看这孩子的容貌气度，将来定是将相之材。"王敦听了也很高兴，家里家外没少宣扬。王敦是王旷二伯父王基的次子，也是晋武帝司马炎的驸马，比王导大十岁。

王导和王旷因为同龄，又都喜欢书法，所以走动颇多，情感上也相当亲密。两人去彼此家里就跟回自己家差不多。

可是这一天，当王旷来到王导府上的时候却意外受到了阻拦。

仆人说王导不在家，请王旷改天再来。可王旷分明看到王敦的车仗正停在二门里，另外还有几匹装饰不同的马，应该是有着不同的主人。

想到能够同时见到两位兄长，王旷很是兴奋。于是不顾仆人的阻拦，直奔王导的书房而去。

书房门窗紧闭。

王旷再次遭到了阻拦。

仆人说："大人议事，吩咐任何人不得打扰。请您偏厅稍候。"

王旷本是世家子弟，本人也经历过仕途波折，略一转念便知道堂兄们一定是在秘密商议着什么事。再联想到自己遭叛军驱逐的耻辱经历，很觉得兄长们如此做是因为看不起自己，不由得心头涌起一股不平之气。

王旷拨开仆人的手，一个箭步冲上前去，一边大喊一边推窗："当此天下大乱之时，你们大白天关门闭户定是有所图谋，说些见不得人的事！不放我进去，我就告官！"

王旷的手扑了一个空，窗子从里边打开了，露出堂兄王导笑嘻嘻的脸："喊什么喊啊，进来吧！只怕我们说的事你不感兴趣！"

屋子里坐着四五个人，没有因为王旷叫嚣"告官"而表现惊恐，却都面色凝重。

他们倒也没瞒着王旷，关上门继续刚才的话题。王旷略听了听就明白了，原来王导和王敦面对晋室诸王争权、北方民族南下的局面深感忧心，正和二三知己一起商量朝廷和王氏家族日后该怎么办。

王家世居之地在今天的山东临沂，此时是琅邪王司马睿的封地。王导与司马睿素来亲善，还在京城洛阳任职时，王导就曾多次毫不隐讳地劝司马睿离开京城回到自己的封地，躲开诸王之间的争权夺利、打打杀杀，为将来早做打算。王旷与司马睿也有特殊的关系，他们的父亲分别娶了夏侯氏的亲姐妹，也就是说，王旷和两个弟弟王廙、王彬与司马睿都是有血缘关系的姨表兄弟。王敦是王氏兄弟中官位最为显赫的，时任扬州刺史，势力遍及江南。

江南不但一片繁华，而且有长江天险作为屏障，更何况王敦还掌管着南方一大半的兵马。此时，王旷的头脑中灵光一现。

在众人讨论间歇的一筹莫展中，王旷放下手中的茶盏说道："诸兄，我有一个意见。"他环视了一下众人，悠悠地说："唯今之计，咱们不如看准时机，奉琅邪王移居江左，另图良谋。"

王导心中一震，深深地看了王敦一眼。王敦则一拍桌案，无比兴奋地说："对，就这么定了！"

三

虽有计议在前，但这一天来得还是有些太

快了。

晋怀帝永嘉元年（307），面对北方少数民族纷纷南下混战中原的局面，面对满目疮痍一片苍凉的江山和家国，很多士人开始举家南渡长江以求自保，史称"永嘉南渡"。由于他们的南迁也将书籍、文物、礼仪等中原文化一并带到原本被视为蛮夷之地的南方，所以史书上又称之为"衣冠南渡"。

这一年，王羲之五岁，父亲王旷已经迁任淮南内史。

这一年，王氏宅上也总有新朋故交前来辞行。每一拨人走后，王氏兄弟都会唏嘘一番。

这一年是西晋"八王之乱"彻底结束的第二年，执掌朝政的东海王司马越命琅邪王司马睿南下驻防建邺（今江苏南京）。

司马睿收到任命后，当年王导书房内的南迁计划迅速被王氏家族提上日程。

王家各个院落里的人都开始收拾家当，王羲之的母亲卫氏也指挥着仆人将金银细软和生活用品分类整理好。能带的带走，不能带的只能留下。

看着母亲进进出出忙碌的身影，幼小的王羲之只知道他们要搬家了。至于去哪里、如何去，他一无所知。

看着王羲之里里外外绊脚碍事，卫氏就叫了两个年轻力壮的家丁带着他和籍之去外面玩儿了。

家门之外是王羲之最喜欢去的地方。家里这上百年的老房子虽说建得典雅大气，但那份庄重感却不是一个四五岁孩子喜欢的。外面多好啊，有热闹的街市、熙攘的行人，有琳琅满目的新奇玩意儿，风车、虎头鞋、拨浪鼓，还有不远处那条水波滔滔的大沂河。

王羲之磨着两个家丁带他和哥哥去沂水河边。

家丁说："那你俩不许去河沿儿！只能在岸上看看。"

王籍之已经十一岁了，看到沂河就情不自禁地开始背《论语》："暮春者，春服既成，冠者五六人，童子六七人，浴乎沂，风乎舞雩，咏而归。"王羲之便也跟着背。

王羲之不太懂书里说的是什么，但他知道圣人孔子就是喝着大沂河的水长大的，也在这大沂河里洗过澡。可是自己就没洗过，母亲说他太小，从不让他到水边去。他突然觉得很没意思，就用手里的土块儿去打另外的土块儿。

回到家的时候，王羲之看见父亲的书房已经空了一半，地上是几个装得满满的箱笼。有仆人拿着父亲早前开好的书单还在挑选、装箱。

绕到后廊，王羲之发现母亲正抚着廊柱独自垂泪。他不懂为什么，也不敢问。

王羲之的从伯父王导也在家中整理物品，他把钟繇的小楷法帖《宣示表》郑重收入随身的书箱，怕被压到，就放在最上层。过了一会儿，他又匆匆地取了出来，小心地束进衣带。只有这样随身带着，他才放心。

王羲之的亲叔父王廙没在书房，他正在后堂看着妻子飞针走线。他将索靖的大张章草作品《七月廿六日帖》仔细折了四叠，请妻子将它缝在贴身的衣服里。

伯父王导、叔父王廙和幼小的王羲之都不知道，这两篇书法史上的旷世名作在未来的日子里不约而同地照亮了王羲之的成长之路。

四

离开琅邪故宅的那一天，王氏宗祠的门前站满了人。

宗祠里供奉着自王氏得姓以来，包括王导、王旷兄弟的曾祖父王融、祖父王览等人在内的历代先祖。平时只有重大日子才开放的宗祠，在这一天香烟缭绕，大门洞开。

王导身着玄色礼服站在队伍的最前面。后面是他的兄弟们，再后面是更小一辈的男孩子们。所有人的服色和神情都十分庄重。

在这一辈的兄弟，也就是王览的孙子中，王导不是年龄最大的，但他是长房长孙，也就是理所当然的族长。即使是年长他十岁、手握朝廷重权的王敦，在遇到重大家族事宜的时候也要首先听取他的意见。

队伍的后半部分，王籍之紧紧拉着王羲之的手，怕他乱跑。父亲王旷还在任上不能回来，接下来的赶赴建邺的千里行程也只能是他帮着母亲照顾弟弟了。

此刻，所有的箱笼都已装车，仆从也都就位。王敦专门派来的一支护送族人的军队也早已列队整齐。

可是，王导他们还要进行一项最重要的仪式——祭告祖庙，拜别先人。

族人们在王导的率领下，鱼贯进入宗祠。

王导率先跪下，而后众人全部跪下。

王导叩拜，众人叩拜。

只见王导表情肃然地祭告："祖宗在上，不肖孙王导率族众赧颜上告：祖宗劬劳，衍我嗣代。我依祖训，恭圣孝亲。今逢乱世，北人南侵。导无微能，不能救国民于水火，但求存我王氏一脉。祖宗仁慈佑我，亦必不忍子孙殁于战火。今我南迁，定再建宗祠，使香烟不断，福泽永锡。"

王导的嗓音沙哑而滞重，谁都听得出其中的无奈与不舍。

毕竟这里是祖祖辈辈生活的地方，所有人都已经习惯了那些早春抽芽的桑叶、那些盛夏咶噪的鸣蝉、那些暮秋掠过的雁行和那些隆冬飘落的雪花。

而关于江左，建邺，除了几个做过官、出过门的人，谁都不知道那里是什么样子。也就是说，前路一片茫然，大家却必须要走。

这里是王氏家族经营了三百余年的宗祠，虽然跪满了人，却还显得那样空旷。至少在幼小的王羲之眼里是那样的空旷。

在周围一片沉痛而肃穆的气氛中，王羲之忽然想哭。

王籍之感觉到了，他把身子偏向弟弟，小声说："千万别哭，父亲说男孩子不要哭！"

王羲之忍住了哭声，却没忍住眼泪。他也不知道自己为什么会哭。

从宗祠出来，准备启程的族人和留居故里的王姓子孙依依不舍、各道珍重。

王羲之被抱上马车，紧紧地依偎在母亲身边。这一刻，他觉得心安多了。

王导则将祖父王览留下的老宅的门钥匙和地契一起交给了当地寺庙的方丈。捐宅为寺，一方面是为了保祖产免于战火，一方面也表明了此去不再回来的决心。这应该是族人痛彻心扉的决断。

这座迁至王家老宅的寺庙就是今天的临沂普

照寺。

　　一段真正意义上"舟车劳顿"的长途跋涉后，从陆路改水路的王羲之和族人一起来到了建邺。王氏家族自此开启了"乌衣巷"从一个地名到一处胜迹的文化旅程。

失怙

一

建邺城，乌衣巷。

这里是王家提前选好的落脚点。

出了巷子，就是淮水那一大片日夜不息平缓流淌的水面，像极了家乡的大沂河。

因为相传秦始皇曾疏凿河道，淮水在唐代改称秦淮河。

在一个夕阳将下的傍晚，王氏一族在王敦军队的护送下平安抵达乌衣巷。虽然途中也曾遭遇过乱军，财产小有损失，但好在有惊无险，人员安全。

下船的时候是什么情形，王羲之并不知道，他在乳母的怀里睡着了。这一路的颠簸对一个不足五岁的孩子来说，实在是太不容易了。

王羲之睡得很沉。他梦见了树上的知了，梦见了哥哥给他的两颗枣子，还梦见叫不上名儿的虫子把自己的手指咬得又红又肿。

王羲之哭醒的时候发现自己已经不在船上，但那种晃悠悠的感觉还在。他想要坐起来，却发现身体不听使唤。他哭得越发厉害了。

母亲卫氏和乳母闻声赶了过来。

卫氏伸手来抱他，却被吓了一跳——王羲之突然没了声音，眼睛直直地望向前方。然后，他小小的身体就开始不停地抽搐。

卫氏吓坏了，不知该怎么办。倒是乳母有些经验，顺手拿起一个空荷包塞到了王羲之嘴里。她说应该是发癫，这样可以防止王羲之咬到舌头。

卫氏缓过神来，顾不得才刚刚下船，一叠声地叫人去请郎中。这人生地不熟的，哪里去请郎中！

丫鬟一边向外跑，一边喊："二公子病了，快去请郎中！"

院子里一个平素负责采买的上了年纪的仆人

见多识广，祖上也开过医馆，赶忙跑进跨院，隔着门叫："夫人，小人略懂些医术，可否容我进来瞧瞧？"

卫氏哪里顾得许多，忙喊："快请进来！"

那人进得门来，冲到王羲之身边，迅速松开他的衣领，取出口中的荷包，又把他的头偏向一侧，吩咐乳母帮忙擦去口中呕吐的秽物。

此时的王羲之已经停止抽搐，只是虚弱地呼吸。

卫氏摸摸他的头，又摸摸他的手，嘴里一直念叨："爹爹不在家，你可不要吓唬娘啊！"

郎中来了以后，把了脉，问了诊，开了方子，说是路上劳累，小孩子吃不消才会如此。因家里长辈并没有过发癫的情况，所以没什么大碍，让卫氏放心。说若是明日还不好转，再差人去请，自己也定会再来。

好在第二天，王羲之就和平时一样活蹦乱跳了，只是偶尔说身上疼。

王羲之的病，就是今天所说的癫痫。自那之后，每一二年便发作一次，慢慢地家里人也就习以为常了，王羲之自己也不以为意，而且多了些"久病成医"的自豪感。

二

一家人安顿得差不多时，王旷也请了假回来探望妻儿。

窗外，王籍之和王羲之在比赛背诗；房内，卫氏讲起王羲之发病的情形。

王旷帮妻子理了理鬓边垂落的头发，又握住她的手说："辛苦你了！"

卫氏扭过身子，轻轻甩脱他的手，嗔怪道："老夫老妻了还这样，小心被孩子们看见！"

王旷看着她笑："嗯，老夫老妻了，你还和刚成亲时一样！"

卫氏起身倒了杯盏递给王旷："阿菟大了，字也认了许多，书也读了一些，也该正正经经地教他写字了。"

王旷喝了口茶，放下杯子，拉过卫氏的手说："又让我表扬你教阿菟念书念得好，是不是？写字，你就教嘛！你那一手字够好了，就是在我王家这样的书法世家，在媳妇里也是拿得出手的！"

卫氏瞥了他一眼："多谢夫君夸我！我不是怕耽误了你王家的芝兰玉树嘛！我要是有姐姐那一手好字，才不用你教！"卫氏所说的姐姐，就是她的堂姐卫铄，钟繇书法的传人，当世著名书法家卫夫人。

既说了要让王羲之正式学习书法，王旷也不耽搁，第二天就带了他进书房。一边给他讲解各种笔墨纸砚的特性，一边亲自给他做示范。

看着父亲一会儿羊毫，一会儿紫毫，一会儿麻纸，一会儿黄纸，一会儿隶体，一会儿楷书的变化，小羲之兴奋不已。虽然在母亲的教导下他已经会写不少字，可他不知道一个小小的汉字竟然可以有如此的千变万化。最重要的是，父亲的字竟然可以写得那么好看，比母亲和哥哥写得都好看！

谁都没有想到，自从听父亲讲了书法的基本要义之后，王羲之就迷上了写字。王旷很是欣慰，他也看得出，在写字这件事上，羲之比籍之更为用心，也更有天分。但他并不急于求成，他只希望羲之能够打牢基础。

王旷自己对书法很是偏爱，也有一点"小自私"。汉代著名书法家蔡邕的《笔论》记录了用笔的技法，可惜一度失传。王旷百般寻访得到此书后，怎么都没舍得与人分享。他把这本书藏到枕头里，不时背着人取出来研读一番。在枕头里藏东西是魏晋人的小秘密，也差不多可以算是一种魏晋风尚。

虽说王旷只是偷偷地看书，可他有个毛病，一看起书来就很入迷。结果有一天，他的秘密被王羲之发现了。

趁着父亲外出，王羲之拿到了《笔论》。一看之下便爱不释手，但只能默默记诵，原样送还，之后再加以体会并运诸笔端。

王羲之写字真的着了魔，有一天因为"羲"字写不好，不肯出来吃饭。卫氏只好让人送一碟肉酱和两个馒头去书房。

卫氏吃过饭去看王羲之，只走到窗前就不禁哑然失笑。原来王羲之用左手举着一本字帖，用右手拿着馒头去蘸肉酱，结果因为眼睛一直盯着书，蘸的不是肉酱而是墨汁，小嘴巴吃得一团乌黑，自己却浑然不觉。

卫氏赶忙带他去洗脸、漱口，再回到书房却发现王旷正盯着王羲之的字发呆。

看到儿子，王旷说："羲之，你过来。"这次他没有叫"阿菟"。

"你是不是偷看我的枕中书了？"

王羲之知道父亲一向慈爱，就只是笑，不肯作答。他不肯说"是"，也不肯说"不是"。

卫氏疑惑地走到丈夫身后，看了看，笑了起来。

卫氏出身河东，书香之家的女孩子都是从小习字，关于书法的理论她也是懂的，王旷的那本书她也看过，只是并不能很好地融会到实践中。她看得出王羲之的字是受了《笔论》的指点，颇有进益。

王羲之的字已经说明了一切，他是否承认反而不重要了。

王旷好声好气地对王羲之说："这本书原就是打算传给你的，只是现在你还小，怕你不懂得保守秘密，也怕你不能真正体会其中的精髓，一知半解反而会走上歧途。别着急，过些年再看吧！"

听了这话，王羲之一下跪倒在父亲脚边，说："父亲，您看我的字就知道我已经能看懂书里的意思了。如果等我再大些，没了现在这点聪明劲儿和心气儿，不就辜负了父亲的期望吗？"

王旷想了想王羲之的话，觉得他是个有志气的孩子，又看了看手边王羲之的字，愈发觉得结构端正、笔锋出挑，不禁面露喜色对卫氏说："去，拿来给他吧！"

那之后不到一个月，王羲之的书法便与从前大不相同。

王旷毕竟不能总在家里，也不能一直提点王羲之。临回任上时，他嘱咐妻子："有空儿去看看你姐姐，记得带上阿菟的字。如果有可能，"王旷微笑着停顿了一下，仿佛看到了美好的前景，"请她教教阿菟。"

卫氏应着，却也没忘记取笑丈夫："你偏心，你怎么不说送籍之去？"其实她也知道，论书法，这两个孩子差得很远。

后来，每当王羲之听母亲讲起这段往事，总是会想：父母之为儿女计深远，莫过于此。但当时谁都没有想到，这竟是父亲王旷为王羲之筹谋的最后一件事。

三

晋怀帝永嘉三年（309）。

淮南燠热的夏天，内史王旷在官署中接到了太傅司马越的命令：率军出征，北渡黄河，迎击刘聪。

面对着从京城洛阳一路加急而来的军令，三十二岁的王旷陷入了沉思。

王旷镇守的淮南在今天的安徽省中北部，与合肥相邻，地处长江三角洲腹地，是标准的南方地区。而刘聪的叛军活跃在山西太行山一带，属于北方地区，队伍中大多是本地乡民，熟悉地势且骁勇善战。王旷麾下的军队虽说也训练有素，却大多是南方人，很多人根本就没去过北方，先不说山地作战，就连是否会水土不服、疾疫泛滥都不知道。更何况，"劳师以袭远"历来是兵家大忌，那么司马越为什么偏要从遥远的淮南调兵北拒刘聪呢?

疑问归疑问,京中有令,王旷不敢怠慢,马上召集下属,将"整饬军队、择期开拔"的命令传达下去。

入暮时分,暑气仍未有所减退,王旷在房间里踱来踱去,心中五味杂陈,许多话不知该向谁倾诉。

如今的朝中,晋怀帝只有三岁,毫无疑问是个傀儡。政权掌握在司马越手中不假,可是朝堂上的二号人物王衍算起来还是自己的本家堂兄。王衍的曾祖父王谊和自己的曾祖父王融是嫡亲的兄弟,要是王衍肯说话,这军令也到不了淮南。

虽说他们是琅邪王氏的兄弟,也同在朝中为官,可王导、王敦、王旷一派一向是主张南迁的,而王衍一直坚持"拱卫洛阳",也算是政见不同。如今王导全族尽数迁居建邺,既能安居乐业又把持着江南势力,想来也让仍处于水火之中的王衍大为光火。

一念及此,王旷不由得苦笑。

这一晚王旷写了三封信。

第一封写给妻子卫氏。告诉她自己即将北上，此番与军功卓著的将军施融、曹超同行，不必挂念。另外请她照看好两个儿子，尤其要督促他们读书上进，好好练字，不可不学无术，不可与不求上进的世家子弟厮混。怕妻子担心，他不敢流露出一点点的忧心。

第二封信写给从兄王导。王导在朝廷政事中浸淫多年，只说自己即将北上，他就会明白个中因由，并为王氏家族多做打算。王旷本就不善领兵，不然之前也不会因守城失利被陈敏驱逐出丹阳。自知此行凶多吉少，王旷在书信里也隐约地表达了托孤的意思。时局艰险，此信万不能落入他人之手，所以有些话王旷不想明说，也不能明说。虽是一封简短的家书，王旷相信，以王导的智慧，他什么都能懂。

第三封信写给亲弟弟王廙。王廙与王旷同龄，只是一个生在年尾，一个生在年头，这些年便像孪生一样长大。王廙是王家最为多才多艺的一个，书画、音乐、文学无不擅长，他请王廙闲暇时多多教导籍之和羲之。

这一晚，王旷彻夜未眠，他觉得自己对不起妻子和两个年幼的儿子。

接下来的事情无需赘述。当王旷的军队一路跋涉，有惊无险地渡过黄河之后，大军抵达太行山下，计划长驱直入。勘察了地形后，将军施融说："这里地势复杂，若是敌人分成小股部队袭扰我们，我军虽有数万之众，怕也难以应付。不如后据黄河等待机会，徐徐图之。"

王旷在兵法上虽然不如堂兄王敦，却也知道己方的劣势。可是，朝廷此举除了战事之外，分明是一次关于忠心的试探。如果临阵退缩或是按兵不动，都将成为早有"贰心"的罪证，恐怕会为整个王氏家族和自己的数万大军带来意想不到的灾难。如此，他便只能凭着热血和孤勇一路向前了。

王旷看向施融和曹超："大敌当前，二位仁兄可是畏死？"

施融和曹超朗声道："大丈夫投身行伍，保家卫国，何来畏死之说！"

"那就不要扰乱军心！"王旷拂袖而去。他的心中也存着侥幸，万一取胜了呢？

施融长叹一声说："敌方刘聪长于用兵，己方主帅不明军事，我们一定会葬身此处！"

两军在长平之间相遇。这里差不多就是战国时秦赵长平之战的古战场，也就是秦将白起坑杀十万赵军的地方。

王旷指挥的这一战史称"上党之役"。交战的结果是，王旷率领的晋军大败，施融、曹超战死沙场。

但是，王旷，却失踪了！

作为一军之主帅，如果王旷战死一定会有记录，如果王旷易服逃生，他也一定会伺机归来。但那一役之后，王旷再也没有回来，史书上也失去了关于他的记载。对于王旷的结局，人们生出了诸多猜想，最让王家难堪也流传最广的一个说法是：王旷叛国投敌了。

王旷失踪的消息传到朝堂的时候是什么情形人们不得而知，但当消息传到乌衣巷的时候，却让很多人不知所措。

最先获知消息的是王敦，军中的消息有时比文官们来得更快。他一面找人核实情况，一面迅速派专人通知王导。王导在家中思索了几日，也从各个渠道得到消息说，战场上和战场附近确实没有发现王旷，也就是"活不见人，死不见尸"。

事情不能，也没有必要瞒下去。王导带上夫人直奔王廙家中，简单说明了情况，就叫王廙也带上夫人，一起去了王旷的家。毕竟女人的话还得女人来说。

见从兄、从嫂和自家弟弟、弟妹同时到来，卫氏心里已经隐隐有了不祥之感，但她希望这不是真的。

见过礼后，卫氏命人带王籍之和王羲之出去。

听王导说到二将战死、王旷不知所踪时，卫氏的眼泪扑簌簌地落下来。但她在心里告诫自己：不可以号啕大哭，不可以失了形象。

"既然没找到尸身，就说明他没死。弟妹你也不必太过伤心，我再派人慢慢察访就是了。"王导说罢就带着王廙出去了，让两位夫人留下来安慰卫氏。

王旷的失踪于朝堂而言至多是少了一个可以倚靠的重臣，但对于王氏大宅里幼小的王羲之而言，无疑是少了一片父爱撑起的蓝天。更何况，父亲身上还背负着悬而未决、事关家族荣辱的谜题！

虽然也大略知道家中生有变故，可是王羲之还是太小了，他还会闹着哥哥籍之陪他在院子里玩耍。可哥哥不再像先前那样有求必应，反而总是说要读书。

王羲之还是爱写字。当他看见母亲把他写的字用线绳仔细订在一起的时候，就会问："父亲什么时候回来看我写的字啊？"过年的时候，看见别人家张灯结彩热闹团圆，王羲之也曾问过母亲："父亲什么时候回来和我们一起过年哪？"

每次问出这些问题，王羲之总会看到母亲抑制不住的泪水。后来他渐渐不再问了，也很少说话。当他听到街上的人和家仆们窃窃议论，说起父亲投敌的事，他就会变得格外沉默。

六岁的王羲之慢慢明白：父亲也许永远不会再回来了。

扬名牛心炙

一

　　站在李矩的府门前，七岁的王羲之有一种从未有过的紧张。

　　这种紧张不是因为姨父李矩是汝阴太守，而是因为从今天开始，姨母将不再只是姨母。

　　王羲之的姨母卫铄是母亲卫氏的堂姐，两姐妹一个嫁给了李矩，一个嫁给了王旷。在远离家乡安邑的建邺能够重逢，让两姐妹的感情比从前在闺中的时候更好了。

　　王旷离家的时候曾嘱托卫氏去求堂姐教王羲之习字，卫氏是放在心上的。再看到父亲失踪让幼小的王羲之越来越不喜欢和人打交道，只是一个人躲在父亲的书房里，读父亲留下的书，用父亲留下的笔砚练字，卫氏越发知道自己该做些什么。

卫氏一边把王羲之和年长他六岁的王籍之送到族学里读书，一边让人把羲之的字和自己的一封亲笔信送给堂姐。如愿收到堂姐的回信时，她认真准备了一份拜师礼，带上王羲之去了李矩的府中。

王羲之虽然只有七岁，却也知道此行的目的，也知道这位姨母在书法上的成就不逊男儿，深得时人赞誉。他不知道的是，从这次登门开始，自己的"书圣"之路即将正式开启。

姨父李矩平时在任所不怎么回家，家里只有姨母卫夫人和与王羲之年龄相仿的表兄李充。

进了内室，卫氏命他拜见姨母。

王羲之迟疑了一下，走上前去，行了一个晚辈礼。想了想，又端端正正行了一个拜师礼。

卫夫人笑道："如此，我就只能是先生而不是姨母了，羲之也只能是羲之而不能是阿菟了！"

王羲之腼腆地说："平日里自然还是姨母。只是请您严格教导羲之。"

"那就写几个字来给先生看看吧！"卫夫人示意羲之去取纸笔时，李充早就热情地递了过来。

王羲之用小楷写了"天地君亲师"五个字，这也是当年王籍之写给父亲王旷的。

寥寥数字方才落在纸上，卫夫人就看向妹妹说道："果然又进益了。只是比前些时候进步得如此明显，可是得了什么奇遇，或是看了什么书？"

卫氏道："果然什么都瞒不过姐姐的好眼力。他父亲意外得了蔡邕的《笔论》，传给了他，他自己正在琢磨呢！"

卫夫人点头叹息道："若是能定下心来，羲之未来的成就恐怕不可限量啊！"

"会如何？"卫氏好奇得双目闪亮。身为一个事实上的"寡母"，她能够指望的无非是两个儿子。

"会如何？"卫夫人笑道，"羲之的光芒恐怕会掩盖王氏和卫氏的所有人。"

自从正式跟随卫夫人学习书法，王羲之的眼前打开了一个新的世界。

王羲之问卫夫人她的书法传自何处。卫夫人告诉他说，自幼得之于卫氏家传，后来又受教于楷书宗师钟繇。想了想，卫夫人又说，你读的《笔论》是蔡邕的作品，蔡邕之女蔡文姬是我卫家妇，她初嫁的丈夫卫仲道就是我家长辈。

王羲之问卫夫人苦练可否成就一笔好字。卫夫人给他讲东汉张芝的故事，说张芝每天从早到晚在自家门前的池塘边研墨练字，回家前就在池塘里清洗笔砚，天长日久整个池塘的水都变黑了。他的洗砚池被人称为"墨池"，他的字也越练越好，尤其是草书堪称一绝，大家都尊称他为"草圣"。

王羲之问卫夫人她一手为人称道的"簪花小楷"何以得名。卫夫人说，自己学习老师钟繇的小楷，将扁方字体变为细长，有人说看起来就好像头上簪花的女子在翩翩起舞，也有人说她常将短笔用"点"替代，其形像簪头雕花的截面，所以称之为"簪花小楷"。卫夫人又说，这一字体看似线条柔美、笔画圆润，但并不是只适合女子练习，这种字体和其他字体一样讲究"笔力筋骨"，每一笔皆须用尽全身力气。

王羲之问卫夫人"每一笔"该如何理解。

卫夫人想了想，在纸上写下"王逸少"三个字，说："你先来看你'王'字的这个横，再看'逸'字的这个点，再看'少'字的这个竖，回去仔细想它们像什么。"

王羲之回到家茶饭不思地琢磨卫夫人提的问题，却始终想不明白。直到有一天，卫夫人带着他和李充来到郊外的山上。

登至山之高处，卫夫人说："羲之，你看那天边。"

王羲之站直自己的小身体，极目远望。这一天并非晴空万里，远处的地平线如"一"字展开，目力所尽之处似有云层涌动。

"羲之，你记着，'横'如千里阵云，隐隐然其实有形。"卫夫人缓缓而道，王羲之若有所思。

山路的石缝中伸出一根粗壮的枯藤，卫夫人挽起衣袖用力拉了拉，叫李充爬上去一段又下来，才向王羲之招手道："这段老藤至少生了几十年了，你也爬一段试试。"

待王羲之拍拍手站回卫夫人身边，卫夫人说："记着，'竖'如万岁枯藤，虽然时光已过万年，身形已经干枯，但它的韧性和张力仍旧无可替代。"

下山的路上，卫夫人拾起一块石头，系上一根红色的布条，递给王羲之，指了指地面说："用力，砸下去！"

王羲之用力地将石块砸了下去。卫夫人命王羲之下山，去乱石中找那块系了布条的石头。

捡起石块，卫夫人指着下面的深坑说："'点'如高峰坠石，须牢记写'点'的时候应该力透纸背。"

听了卫夫人的解读，王羲之觉得自己豁然开朗。

后来又过了许多年，卫夫人将这些理论进行了丰富和补充，写进了自己的名作《笔阵图》，"善笔力者多骨，不善笔力者多肉；多骨微肉者谓之筋书，多肉微骨者谓之墨猪；多力丰筋者圣，无力无筋者病"也成了她的经典论断。

二

王羲之跟从卫夫人学习书法，很认真也很刻苦。

卫夫人虽然严格，要求他笔笔用力，笔笔皆有所依托，但也时有赞许之意。王廙、王导等家中叔伯看自家的孩子，自然也是喜爱得很。王羲之到底还是个孩子，听到身边人的夸奖难免就有些自满，也越发在意他人对自己的评价。

有一天，王羲之到集市上去玩儿，一抬头就看到一家店铺的招牌。招牌上的"鹅儿饺子铺"几个字还没有自己写得好，但饺子铺的生意却很是兴隆。

饺子铺开在一堵矮墙的旁边，王羲之走过去发现只有一个人在煮饺子、卖饺子，却看不见包饺子的人。正纳闷时，就发现一只只饺子不时从矮墙后面抛出来，不偏不倚正好落到锅里。

王羲之觉得很有趣，就买了一碗饺子。看见碗中的饺子小巧可爱，像一只只白鹅在水中嬉戏，王羲之立刻明白了这家饺子铺名字的由来。饺子的味道十分鲜美，他不由动了念头，想替店主重新写个招牌。

听煮饺子的人说店主在后面包饺子，王羲之就绕过矮墙，发现店主是一个白发苍苍的老婆婆。老婆婆正在一心一意地包饺子，包好一个，就随手抛到墙外。

王羲之看了一会儿，忍不住问："老人家，您这饺子包得又快又好，随手一抛就能落到锅里。这手上的功夫得多久才能练成啊？"

老婆婆说："熟练五十载，深练需一生。"

王羲之又问："您的手艺如此高超，饺子也十分美味，怎么不请一位名家来写招牌啊？"

老婆婆说："名人不好请啊，再说有名的人也不见得字就真的写得好！就说咱这城里的王羲之吧，人人都说他是个书法神童，可他才不过十岁，年纪在那儿摆着呢，能有多深的功力？要是真信了别人的吹捧，日后定然成不了大器！"

王羲之听罢，不觉一阵脸红，连忙向老婆婆行礼说："王羲之感谢婆婆教诲！"老婆婆没想到这个谦和有礼的孩子就是王羲之，也有些不好意思。

王羲之回到家后马上为饺子铺题写了招牌，并配上了一副对联："经此过不去，知味且常来。"

但经历了这件事，王羲之也变得不那么自信了。

王羲之听了老婆婆的话，自觉惭愧。

卫夫人看到他的样子就想，怎么才能让他重新充满信心呢？白天想，晚上想，有一天下厨做饭的时候，她忽然想出了一个办法。

卫夫人虽然出身于书香门第，但女子该会的其他技能，如裁衣、做饭也是从小学习的，烙饼更是她的拿手绝活儿。

别人烙饼都是将案板放在面前，每擀完一个饼就转身放到身后的锅上烙熟。卫夫人却是既不需要转身也不需要回头，每擀完一个饼就能熟练地抛到身后的锅上，以前在家里的时候她经常这样逗父母开心。

卫夫人将自己扮成观音老母的样子，带着几个丫鬟去集市卖饼。和在家时一样，她将擀好的饼往身后一丢，就刚好落在烙饼的锅上，围观的人都惊叹不已。

王羲之在家人的带领下来到饼摊前买饼，也看得舍不得离开。却听见"观音老母"说："我这只是熟能生巧罢了，未来的成就一定比不过这城中王羲之的字。"王羲之认为这是仙人专门下凡来指点自己，就一边吃着饼子一边回去更加勤奋地练字了。

张芝有自己的"墨池"，卫夫人有自己的"墨池"，王羲之也想有自己的一方"墨池"。他一生都牢牢地记着卫夫人告诉他的话："功到自然成。"

三

收到伯父王导派人送来的说有事找他的短札后，王羲之赶忙过府问安。

这些年来，王敦、王导这些从伯父和自家叔父王廙、王彬都对王羲之疼爱有加。一方面是因为他们心疼王羲之年幼失怙，一方面也是因为这个孩子天资聪颖、心地纯良，而且勤奋好学。

根本不用通报，王羲之就径直来到王导的书房。

王导见王羲之时很少在前堂，他觉得那么刻板的地方不适合接见自家子侄。当然，这书房重地，一般的子侄他也不许随便进。

王导隔着窗子看到王羲之的身影，虽有匆匆之色脚下步伐却稳重踏实，顿觉心下喜悦，忙向他招手说："阿菟来得好快！"

"伯父叫我，岂敢拖延。"王羲之向王导行了一个礼。

待王羲之坐下，仆人送上茶来，王导徐徐地说："阿菟，后日有一个宴会，你替我去一下。"

王羲之说："伯父知道我不爱这种场合，更何况人家请的是您，我一个小孩子怎好替您出席？"

王导说："今上命我后日进宫议事，不然还真轮不到你！你可知设宴的是何人？"

伯父很少和自己打哑迷，王羲之不由得有些好奇。

"周颐周伯仁的宴会，你说你去还是不去？"王导微笑看着王羲之。

"可是早年不应征召，后来袭了父职，又曾在二伯父军中小住的名士周先生？"王羲之说的二伯父就是在叔伯辈中排行第二，时任镇东大将军，手握天下大半兵权的王敦。

"可不就是他！就是每次清谈都会让你二伯父张口结舌、面红耳赤，早年嘲笑我说自己肚子里能装几百个我的那个周伯仁！""清谈"也叫"玄谈"，是指魏晋时期崇尚老庄、谈说玄理的思想争鸣，一般以辩论形式展开，后来的王羲之也是清谈名士。

"原来如此，深谢伯父厚爱！"王羲之很是兴奋，甚至起身重新给王导行了个礼。"可是伯父为何选我？"兴奋过后，王羲之又有了新的疑问。

"我王家子弟个个优秀卓然，可是在我眼中，阿菟你虽然年少，却大有可观之处。当初我与你们兄弟说起三国名将陈泰，你说他气概坚定、骨气忠正，我便高看你一眼。更何况你小小年纪就风姿过人，丝毫不比那人见人爱的刘万安差，也该让京中人见一见。"

王羲之有些害羞地说："伯父实在是过誉了。那刘万安文武双全面貌俊美，庾琮曾说他如玉人一般光彩夺目，在千百人之中都能一眼被看到。羲之怎能与他相比。"

王导很是不以为意，只是嘱咐他到了周颛府上不要失了王家子弟的气象。

周颛是天下名士，曾经深得晋元帝的重视，他家的宴会自然不乏世家名流。只是文人的宴饮，重点并不在宴饮的规模和菜品，写字、作诗、清谈论辩才是最重要的，大家通常都是在花园里游赏、竞技之后才能安坐饮酒。

身为主人的周颛带着小僮，有时在客人之间周旋寒暄，有时站着看客人游戏、听客人聊天。

当时酒宴之上最重要的一道菜是"牛心炙"。烤熟的牛心由主人亲自分割、布菜，谁能得到第一片牛心谁就是主人最看重的客人。这份"看重"有时与门第、官职、名气直接相关，但凭借周颛耿介骄傲的为人，人们知道这些世俗的标杆在他这里统统不重要，能被他看重的只有才华。越是如此，大家就越是在意周颛的选择。

牛心上桌，人们目不转睛地看着周颛，都想知道到底是谁能得到他的青睐。许多人也在暗暗期待那个人是自己。

只见周颛不慌不忙地拿起案上的小刀，娴熟地切割牛心，然后命人捧起玉盘。

仆人端着玉盘，越过一大片锦衣华服的客人，把第一片牛心送给了末座之上的一位青衣少年。

末座之上的青衣少年！

末座！少年！

惊讶不已的人们看见青衣少年起身，不卑不亢地接过牛心，向周𫖮深施一礼。

年近五旬的周𫖮在上座问道："敢问小哥是谁家子弟？"

青衣少年挺直腰背朗声回答说："琅邪王氏，王羲之。"

王羲之这个名字，从此和他的伯父王敦、王导一样，成为东晋王朝的关键词。

诣台待罪

一

永昌元年（322）。

王廙的书房。

王廙与王羲之叔侄二人正在品鉴一幅东汉名画。

王廙是东晋著名的书画家，也是王家同辈里最多才多艺的一个，音乐、射御、博弈、杂伎无所不能。如果说王氏家族的兄弟人人都是不可多得的书法家，那么绘画之道就没有任何一个人能够和他相比。不仅在王家无人能够匹敌，王廙的画在整个东晋也一直有着"江左第一"的美誉。

王廙已经四十七岁了，一直弯腰低头，说不累是假的。见仆人送上茶点，王廙说："羲之啊，坐下歇歇，聊点家常。"

自从四年前王羲之正式跟从自己学画，王廙就不再喊他的乳名"阿菟"了，一则是为了提醒他十六岁不再是小孩子，二则也是为了在形式上更像"师徒"的样子。

王羲之恋恋不舍地离开书案，坐到茶几边上，恭恭敬敬地为叔父奉上一盏茶。

"羲之啊，时间过得真快，你如今已是舞象之年，对自己的未来可有打算？"

王羲之明白叔父的意思，笑笑说："羲之只想奉养母亲，钻研书道，不想出仕。"

王廙不由失笑道："这个只怕你也做不得主。你可莫学周伯仁那家伙，不做官不做官，最后还不是得出来做官。说到他我倒想起来了，你哥哥籍之娶的不就是他的侄女吗，长嫂可还合你母亲的心意？"

王羲之说："长嫂很有大家风范，事母尽孝，就是对羲之也是极好的。"

"那就好，那就好。要我说，这周家肯把女儿嫁到王家来，和当年周伯仁对你的赏识也大有关系。周家一定是看这弟弟如此，哥哥还能差得了？"

王羲之忙道："叔父说笑了，我哥哥自有他的好处，要是没有哥哥的悉心照顾，羲之也断长不成今天的样子。"

王廙拍拍王羲之的肩膀说："你也不小了，自己的婚事可有什么想法？"

王羲之郑重道："但凭各位伯父、叔父和母亲作主。"

许是想起了兄长王旷，王廙长叹一声说："我和你父亲同出一母，你祖母出身谯郡夏侯氏，今上是我的姨表兄，与我俩同年。你母亲出于安邑卫氏，你婶母出于高平郗氏，你哥哥娶了汝南周氏的女儿，真是不知道你的婚事会应在哪里。"

王羲之倒没有太在意："侄儿不急，许是机缘未到。"

看着他毫不在意的样子，王廙点了点头，又摇了摇头。

待王羲之吃了一块点心，喝了半盏茶之后，王廙悠悠地说："《七月廿六日帖》何时还我？"

王羲之端茶的手顿了一下，笑嘻嘻地看向叔父说："求叔父容我再赏玩些时日。"

王廙说的就是南渡时，他缝在贴身衣服里带过来的索靖的章草，他一直视若珍宝，轻易不肯示人。

"我听说钟繇的《宣示表》也在你那里？那可是你伯父束在衣带里才带到江南的宝贝。"他说的伯父是王导。

王羲之不好意思地笑了笑。

说来很巧，王导、王旷、王廙三个人都在同一年出生。王导出生最早，是堂兄。古人家族观念极重，更何况琅邪王氏这样有名的"孝悌之家"。王旷失踪后，王导、王廙这些伯父、叔父就担负起了照顾王籍之和王羲之两个侄儿的责任。

王廙起身，提笔作画，让羲之仔细观摹。

王廙画的是汉初黄石公传《太公兵法》给张良的故事，黄石公画得很大，张良画得很小。

王廙这样的世家子弟，就算心怀隐逸之志，往往也很难实现退隐山林的梦想，毕竟家族责任不可推卸。

王羲之立在一边认真地看。他倒没想那么多，只是在认真地看画，看叔父的每一笔起落。

数年之前，卫夫人就曾叮嘱王羲之说，待你书法基础牢固之后，一定要和你叔父学画，别人都能教得，自家侄儿焉能不教。她口中所说的"别人"，就是东晋元帝司马睿的儿子，后来的晋明帝司马绍。从血缘上算起来，王羲之是王廙的亲侄儿，司马绍就是王廙的表侄儿，关系其实也不远。

这一天的叔侄二人完全没有想到，第二天一早，一场祸及家族的危机就来到了眼前。

二

当王羲之跟随着伯父王导和二十几个叔伯、兄弟一起素衣散发跪在台阁前，等待皇帝下旨降罪时，心里还是混沌不明的。

二十岁的王羲之想不明白：明明是王敦、王导两位伯父辅佐司马睿从皇族远支一个小小的琅邪王变成了当朝的皇帝，明明皇帝倚重王氏，内用王导在朝，外用王敦治军，王家已经权倾天下，民间已经有了"王与马，共天下"的谣谚，自己的二伯父王敦为什么一定要冒天下之大不韪呢？

王羲之虽然未曾出仕，但家中叔伯兄长都在官场，也曾听说二伯父王敦素来桀骜不驯，而皇帝也有意派刘隗、刁协、戴渊等人牵制他的势力，二伯父对此时有怨愤之语，可他怎么也没想到二伯父竟然会自武昌发兵直逼京城。二伯父难道没有想过，这一举动会给整个家族带来灭顶之灾吗？

王导带领王羲之等人一连跪了几日，和上朝一样早出晚归，就是等不来皇帝的旨意。

王羲之跪在那里，耳边响起二伯父对自己说过的话："你是我王家的优秀子弟，将来一定不会比名满天下的阮思旷差！"

王羲之想起自己小时候说话不大流利，不爱见人，但是常去二伯父家里玩耍。有一次，听说伯父王导和以严肃庄重闻名的庾亮一起来看望二伯父，自己起身便要离去，二伯父挽留说："一个是你自家伯父，一个是庾元规，又不是没见过，这有什么可为难的呢？"他明白这不是二伯父勉强他，而是想要他多多与人交往。

可是二伯父起兵真的没有先兆吗？

王羲之还不到十岁的时候，王敦特别喜爱他，经常把他留在自己家中，甚至让他睡在自己的床上。有一次王羲之在王敦的床上睡觉，王敦起身出去了一趟，王羲之还没有起床。过了一会儿，王敦手下的将军钱凤进来，屏退闲人，和王敦说起谋逆之事。王羲之醒来，听到他们所说的事情，害怕自己被灭口，就吐出口水弄脏了脸颊和被褥，假装自己睡得很熟，没有听到只言片语。王敦和钱凤商量到一半，方才想起王羲之还在床上，两个人大惊失色说："如此机密的事情要是被听到，就不得不除掉他了！"等到王敦打开床上的帐子，看见王羲之的口水吐得到处都是，以为他睡得很熟就没有杀他。

这件事王羲之从没有对人说起，虽然有时他也会想：如果被发现偷听，二伯父真的会杀掉我吗？

他没有想到的是，事情过了十几年，他本以为二伯父早已打消了这个念头的时候，二伯父竟然真的起兵造反了。

王氏一族的二十几人就一直跪在那里，许多官员从他们身边经过，却没有人与他们交谈，甚至视他们如无物。

王羲之的心里有些冷：平日里见面不都是"王公长、王公短"地奉承着伯父吗？怎么今日就都看不见"王公"狼狈地跪在这里呢？

旁人也就算了，骄傲自负的王导也拉不下脸求他们，只是沉默地跪着。当周颉从身边经过时，王导再也忍不住了。当初周颉从北方渡江南来，很大程度上是来投奔王导的。

王导试图拉住老友的袖子说："伯仁，大将军起兵是他自己的事，我王导决无此意！我王门一家老小百十口人的性命都拜托你了！"

周颉默不作声，不顾他的拉扯抬步向前。

王羲之略微举头，觉得周颉好像看了自己一眼。那一眼冷中带暖，暖中带冷，王羲之不明白他是什么意思。

等到周颉从宫中出来的时候，已经喝得大醉，口中还叫嚷着"杀反贼""当大官"之类的话。旁边的内侍说，他是被皇帝留下喝酒了。

三

王羲之跪在伯父王导身后思考自己家族的命运时，皇帝司马睿也在思考该如何处置这一家人。

他想起永嘉元年，自己听从王导的建议将全部势力从北方南迁到建邺；南迁之后，又是王导拉拢了当地名士顾荣、贺循，方才使自己获得了江南世族的拥护；再之后，大量南渡的北方世族和皇族也是在王导的号召下共同支持自己登基称帝的。他还想起，名士温峤初次过江时便称王导为"江左管夷吾"，说有这样一个人自此就可以江山无忧了。

司马睿想起五年前，自己称帝那一天，再三请王导与自己同坐御榻，王导再三拒绝，并将自己比作苍生仰视的太阳。这样一个人，如果要率族人造反，还用等到今天吗？

司马睿想起自己与王导的种种过往，终于向身边招手："来人！"

一直低头跪着的王羲之听到有人走过来，站

到王导身前，顿挫感十足地说道："圣上有旨，召'仲父'朝服觐见。""仲父"是司马睿对王导的称谓，也曾是齐桓公对管仲的称谓。

王导闻言，顿时匍匐在地，涕零叩首。

王羲之最先听到的不是伯父的开口谢恩，而是低低的啜泣之声。他惊讶地抬起头来。抬头，于待罪之人来说这是失仪、失态，可是王羲之无法控制自己的好奇。看服色，王导身前站着的是皇帝身边高等级的宦官，宦官身后有人捧着托盘，盘中隐约可辨是冠履朝服。

王导郑重地接过朝服，下去更衣。王羲之觉得自己全身的力气都被抽光了——生死一线时，他不担心自己，他想的是还没有报答母亲和兄长的鞠育之恩，难道人生就这样完了吗？

王导与皇帝司马睿金殿上的事是王羲之后来听说的。

据说王导进殿稽首谢罪说："逆臣贼子，哪朝哪代没有呢，只是没有想到现在居然会出现在我王氏一族！我王导身为族长治家无方，请陛下降罪！"

司马睿见王导如此，忙从坐榻上起身，连鞋子都没顾上穿，就扶起王导，拉着他的手，直接称呼他的字，说："茂弘，我还要把国家政令交到你的手上呢，你说的这是什么话啊！"于是下诏命王导前去石头城讨伐并劝服王敦。

这后来的事情相当曲折。

王敦手中兵强马壮，几乎战战告捷，一直杀入石头城。几个奉皇帝司马睿命令去监视和牵制他的人中，戴渊直接为王敦所杀，刁协在战败撤退的途中被人杀死，刘隗则带着家人逃到了北方的后赵。皇帝司马睿这边只好做了相应的妥协，允许百官到武昌去拜见王敦，王敦在事实上实现了"遥制朝政"。这件事史称"王敦之乱"。

当初南渡后商议在江南另立新帝时，王敦本想另立他人，但是王导坚持立司马睿。经过这件事情，王敦对王导说："当初你不听我的话，差一点覆灭了全族。"王导不以为然，不再理他，王敦也不能把王导怎么样。

王羲之从小在两位伯父身边长大，深知他们性格不同，坊间也经常流传他们的轶事，尤其是他们早年间去石崇家赴宴，所展现的截然不同的表现。

石崇是西晋巨富，喜欢蓄养美人，宴客时经常让美人劝酒，如果客人不饮就会斩杀美人。王敦和王导一起去石崇府中作客，王导本不擅饮酒，但不忍心因自己而使美人遭受杀害，只能勉强喝酒，以至于烂醉如泥。但王敦就能做到坚持不喝，石崇一连杀了三人，王敦连脸色都不变一下。王导责备王敦，王敦却说："石崇杀他自己家的人，关你什么事！"

王敦起兵这年，还发生了一件令王羲之心中五味杂陈的事情，那就是周颢之死。

周颢家宴上的一片牛心炙让年少的王羲之声名鹊起，对王羲之这样的小小少年来说，不对周颢心怀感激是不可能的。自家长嫂又是周颢的亲侄女，两家成了姻亲，长嫂对母亲、对哥哥、对自己都无可挑剔。可是周颢竟然死在二伯父的手中！

诣台待罪之时，伯父王导向周颢求救，王羲之是亲耳听到的。后来的事都是听说的。

王导奉诏到石头城见王敦，王敦除了责备王导当初不该立司马睿为帝，还问王导说："周伯仁这人如何？"王导因为想起自己向周颛求救而对方无动于衷的样子，就没有回答。

王敦又问："周伯仁可以担任三公之职吗？"王导未作回应。王敦又问："那可以让他做尚书令吗？"王导仍不回答。王敦于是自言自语说："既然如此，就只好杀掉他了！"王导继续默不作声。王敦见王导没有表态，认为周颛不能为自己所用就杀了他。

后来王导在整理公文的时候看到了一份奏表，就是自己诣台待罪时周颛写给皇帝的奏表。周颛在奏表中说，愿以自家八百余口人的性命担保王导不会参与谋反。王导想起周颛之死，哭着说："我虽不杀伯仁，伯仁却由我而死！"

听说这些事后，王羲之回到家中静坐了许久。他先是想如何能够避开官场的凶险不祸及家人，后来又想只要族中有人犯了大罪自己也不能独善其身。想了一会儿想不出办法，就坐到案边开始临写钟繇的小楷，想让自己的心里能够安定一些。

东床佳婿

一

春日的淮水之滨一派花团锦簇。

王羲之扶着母亲卫氏，一边慢慢走着，一边为母亲讲解河边的景致。因为没有年轻的女眷，也就没用步障随身。

步障是当时富贵人家用以遮蔽风尘或外人视线的可以移动的软质屏障，用棉麻织物的也有，用丝绸锦缎的也不少。

卫氏看花看柳也看河边的姑娘，王羲之则只留意着母亲脚下的道路。这些年母亲让他常去各位叔父伯父处走动、受教，并不怎么让自己陪她出门，尤其是长嫂进门以后，总是婆媳两个说说笑笑地在一起。

家里的仆人早在河堤上安好坐褥，周围也用步障与他人隔开。

卫氏看了一眼身边的青绫步障，笑道："你伯父治家，就是这样中正稳妥。"

青绫是有花纹的青色丝织品，当时贵族常用来制作帷帐。王家的步障用青绫制成，在世族中既不奢华也不寒酸，算是中规中矩。

王羲之认真地回答说："母亲所言极是。当日王恺和石崇斗富，动辄四十里、五十里的紫丝步障如今可是不多见了，咱们王家所用的青绫最合规制，不但不曾逾矩，颜色和这春日也正好匹配。"

"你呀，难怪你伯父喜欢你，可是容不得人说他半句不好。"卫氏摇了摇手中的扇子，虽是初春，天气也明显地热了起来。

"自从建兴元年（313）愍帝登基，为了避他的名讳把这建邺城改成了建康，南渡的人倒是越来越多了呢！那会儿先帝还是左丞相，你也才十一岁。"

"我知道，那会儿击楫中流的祖逖将军还是豫州刺史呢！"

卫氏看了看周围，小声说："去年你二伯父起兵朝野震动，你二叔父和先帝同年离世，他去世之前还和我说很遗憾没能给你订下亲事。可惜你姨母只生了两个儿子，不然倒可以替你求娶，反正我王卫两家世为中表。"卫氏说的姨母就是卫夫人。

"姨母就算有女儿，也是李家的，不是卫家的。"王羲之故意说。

卫氏笑着打了王羲之一巴掌："就你能，偏就你能挑母亲话里的毛病！"

王羲之并不躲闪，他乐于看到母亲这样的性情流露。早年父亲失踪，母亲整个人变得郁郁寡欢，缓了好几年才略好一些。这些年兄长籍之和自己渐渐长大，也都有了些声望，母亲脸上的笑容才多了起来。尤其是经历了上一年的生死一线之后，王羲之格外珍惜与母亲和兄长的相处。

"你祖母出身谯郡夏侯氏，我出于安邑卫氏，你两位叔父的妻子出于高平郗氏和这江南的夏氏，你嫂嫂出于汝南周氏，真是不知道你的婚事会应在哪里。"类似的话已故的叔父王廙曾经语重心长地与自己说过，如今听母亲再度说起，王羲之的心中颇为感慨。

王旷共有兄弟三人，所以王羲之有两个亲叔父。二叔父王廙和羲之相处的时间较长，三叔父王彬长年在外，却也不时来信督促他的学业。

长久以来，王家都只与世家通婚，王导娶了彭城曹氏的曹淑，王敦娶的是晋武帝的襄城公主。王羲之还真没想过自己会有一个什么样的妻子，更没想过婚后的生活又会是什么样子。

他在这里思绪乱飞，就听见母亲卫氏说："这淮水岸边，自古就是个繁华之地。都说这淮水古时候名叫'龙藏浦'，也不知道是不是真的藏着龙。"

二

听说有人拿着尚书令郗鉴的拜帖上门，王导忙让人请进来。

此前王导与郗鉴相遇，郗鉴对王导说："茂弘，你知道的，我有个女儿……"

他的话还没说完，王导就说："我知道的，你不是有个女儿，你是有个掌上明珠。"郗鉴的女儿名叫郗璿，字子房，才貌双全，擅长书法，被称为"女中笔仙"。

郗鉴笑道："我不与你辩。我就问你，如果我欲与你王家结亲，你怎么说？"

"你不嫌我王家门第低微？"王导此说其实话里有话。

刚刚南渡的时候，王导想要结交江南世族，就向太尉陆玩请求结为姻亲。陆玩是著名文学家陆机、陆云的堂弟，而陆家是三国时期陆逊的后人，几乎可以说是江南第一大族。面对王导的请求，陆玩根本不响应，他很不屑地说："小土山上长不出松柏，香草和臭草不能放在同一个容器中。我陆玩虽然没有才能，但不能带头做出这种乱了伦常的事情。"

郗鉴知道这件事，也知道王导心中的郁结，忙说："这是说哪里话来，原是我郗氏高攀了。早年世将不嫌弃，娶了我郗氏女，现在我又想塞一个给子侄辈了。""世将"是王廙的字。

都是由北方南渡的世家，王导也很欣赏郗鉴的为人，就问他说：“你看中了我家哪个小子？”

郗鉴说：“你王家儿郎个个都是好的，我还真不知道哪个更好。改天我挑个眼力极佳的人去你府上看看。”

来的是郗鉴的得意门生，见了王导先是规规矩矩地见礼，呈上郗鉴的书信，又大大方方地说明来意。王导哈哈大笑道：“你来得正是时候，我王家少年郎此刻都在东厢房里读书，你自己去选就是。”

东厢房是王家儿郎读书、听讲的地方，平日里虽然气氛整肃，却也总有书僮、小厮不断出入。所以郗家的来人还未到东厢，选婿的消息就已经传到了。

郗鉴本人以清节儒雅著称，如今又是朝中重臣，郗璿的才貌在贵族圈子里也是尽人皆知，有钦慕之心的王家少年一个个不禁谨慎、矜持起来，纷纷正衣冠、理袍袖，都希望自己能被选中。

日日过府读书的王羲之当然也在，可是他并不在意。王羲之不是没有听说过郗鉴和郗璿的名声，可他没觉得郗家会看中自己这样一个幼年失怙的小子，更何况自己没想过入仕从政，当然也不需要攀附这样一个岳父。

王羲之最近正痴迷老庄，总是随身带一本《老子》。他从小就喜欢侧卧读书，看到东边胡床上还空着，就走过去躺了下来。天气已经热起来了，他索性解开衣襟，又从桌上取了一块胡饼，一边读书一边吃了起来。只说是"吃"似乎也不够恰当，胡饼大约就是今天的馕，质地较硬，有韧劲，每咬一口都要花些力气，吃相自然不会很雅观。

王羲之一看书就沉迷其中，完全不知郗家人是何时来的，又是何时走的。更不知道人家一进门，看到一个少年郎一边袒腹吃饼一边读书，立刻就愣住了。

又过了些日子，王导收到郗鉴的书信，读后大笑，立即让夫人曹氏请了弟妹卫氏和王羲之一道过来。

原来郗鉴的门生回去后对郗鉴说："王家所有儿郎都很优秀，听说老师前来为女儿选婿，表现得十分庄重而且谨慎，应该都不是平时的样子。只有

坦腹东床一事，让王羲之成为郗鉴的乘龙快婿。

一个年轻人丝毫不顾形象，在东床之上袒腹而卧，一边读书一边吃饼，就像没有听说这件事一样。"郗鉴觉得这个自然坦荡的年轻人就很好，接下来一打听原来是王羲之，便越发满意。

这桩亲事，卫氏和王羲之也没什么不满意的。

王羲之的婚事就这样定了下来。从这以后，"东床快婿"成为一个脍炙人口的典故，"东床""令袒"也成为对女婿的美称。

三

经过"三书六礼"的仪式，郗璿进门成了王羲之的妻子。

这对夫妻用"郎才女貌"不足以形容，因为女有貌也有才，郎有才也有貌。

少年夫妻，又是新婚，彼此熟悉后自然是无话不谈。从熟悉的地方来到完全陌生的家庭，郗璿的问题更多些。

"夫君，"这样叫人，郗璿还是有点害羞，"你说实话，当初我父亲派人来王家选婿的时候，你是不是故作姿态？"

王羲之说："璿儿，你进门以来，觉得我性情如何？"

郗璿想了一下，说道："你性情耿直，骨气过人，不在乎权势名利，对母亲、兄嫂都十分有礼，对我……对我也很好。就是你一读起书来、写起字来，便什么都忘了。"

王羲之笑着拉起郗璿的手，说："璿儿知我还问我！想我王氏，虽是名门望族，从北方一直繁荣到江南，但是自从我父亲离家不归，我们孤儿寡母全赖各位伯父、叔父扶持，我又怎敢奢望岳父能将掌上明珠嫁给我呢？所以与其心存奢望还不如读我自己的书，这手中的书可比远方的佳人现实多了。"

郗璿抽出自己的手，笑他说："更现实的还有胡饼！"

王羲之也笑："不是后来岳父说起，我真不记得那天还在啃胡饼，真是丢我王家的脸面啊！那天的样子，该不会是璿儿你第一次听人说起我吧？"

郗璿的视线飘忽起来，神情娇俏动人："当然不是。那之前我就听人说过王逸少风姿过人，又说你是'王门三少'中最出色的一个。"

"王门三少"指的是王家这少一辈中最优秀的三个年轻人——王悦、王应、王羲之。王悦字长豫，是王导的长子，事亲至孝。王应字安期，本是王羲之大伯父王含的次子，但因为王敦没有儿子，就过继给了王敦。

"岳父欲与我王氏联姻可与你说过？"王羲之没有姐妹，不知道女子议婚前是什么情况，难道真的是只凭父母一句话吗？

"说过。"郗璿小声应道。

"那你心中可有人选？听说岳父将你许配于我，你心中是何感想？"王羲之连环发问，是真的心中好奇。

"你，你，我，我不理你了！"郗璿羞得红了脸颊。只有她自己知道，当听说议婚的对象是王羲之时她有多么开心！她没见过王羲之，但见过他的字，听说过这个人，知道他十三岁时就受到名士周颉的青睐。更何况，王家男儿无一例外都生得一副好相貌。

王羲之拉着她走到廊下："璿儿，莫信人说我王家是当朝第一高门，你进我王家是高嫁。我只知道，娶到你是我王羲之三生有幸！再说你郗家也不是一般的人家，就连一个从北方带来的仆人都通晓文辞，遇事还能有一番自己的见解。"

"你说的是我父亲院子里的那个张叔吧？"郗璿问。

"自然是他。有一次我和刘真长说起他，刘真长还问我他和你弟弟方回相比如何。我说他固然多有长处，但怎么能和方回比呢，刘真长就说这不过是个寻常的奴仆罢了。我倒觉得他不寻常。"

"哪里是个人就能和我弟弟相比呢？张叔又没有从小读书，只是跟在我父亲身边受了许多濡染，能够如此已经很不错了！"

"感谢夫人与在下所见略同。"王羲之笑吟吟地望着自己的妻子，心中洋溢着满满的幸福。和兄弟们相比，他订亲、成亲都略晚，但是他终于为自己等来了这样的好姻缘。

只是这样的岁月静好并没有持续多久，王羲之的二伯父王敦再度谋反，而且杀死了王籍之的岳父周嵩。

周嵩是周颛的弟弟，以恃才傲物著称，在王敦上一次叛乱时曾和周颛一样上书皇帝，请求保全王导。

周颛死后，王敦派人去周嵩家中吊唁，周嵩很不客气地说："我兄长本是天下人，如今为天下人所杀，又有什么可吊唁的呢！"王敦由此怀恨在心，后来就找个理由把周嵩也杀掉了。周嵩精通佛理，临刑前仍旧诵经不绝。可是这也难减王籍之和妻子周氏的哀痛，王羲之深恨自己什么忙都帮不上，只能让郗璿多陪陪长嫂。

也在这一年，王导大义灭亲，领命讨伐王敦。未及兵至，王敦病死。

王敦之乱平定后，王羲之的亲叔父江州刺史王彬受到了同僚的弹劾，虽然两年前王彬就几乎与王敦反目。

这件事王羲之给母亲和郗璿都讲过。

当年王敦带兵进入石头城时，元帝派王彬去慰劳他。恰好周颛的人头挂在城墙上，王彬就先去城下哭悼周颛。王彬进城见到王敦时仍旧神情凄楚，王敦问他怎么了，王彬说："我刚在城下哭完周伯仁，没法控制自己的情绪。"王敦十分生气地说："周伯仁自作自受遭到刑戮，而且他对你和对一般人没什么两样，你干吗要哭他！"王彬也十分愤怒地指责王敦说："兄长你大逆不道，杀戮忠良，谋图不轨，一定会祸及我王家门户！"王彬一时激愤，慷慨陈辞，声泪俱下。

王敦大怒，厉声说："你如此狂悖，是以为我不能杀你吗？"当时王导也在座，不由心生恐惧，担心骨肉相残，忙劝王彬向王敦行礼谢罪。王彬说："我腿脚有病，见天子尚且不愿下拜，在这里也跪不下去。"王敦冷笑说："一时脚痛比刀下颈痛如何？"王彬神态自若，没有一丝惧色。

卫氏对王羲之说："你那三叔是个有气节的，日后官职当不在你伯父之下。"王彬后来果然卒于尚书右仆射任上，这职位大致相当于丞相或副丞相。

更可笑的是，除了王彬，连时任安成太守的王籍之也遭到了弹劾。在一些朝臣的眼中，王籍之和王敦都是王家人，王籍之被王敦杀死的岳父周嵩是外人。虽然新即位的晋明帝司马绍没有追究，但王家也就此元气大伤。

王羲之隐约有一种预感：自己怕是要出仕了。

出 仕

一

晋明帝太宁二年（324）。

站在秘书省官署的大门前，身穿秘书郎官服的王羲之想起了不久前伯父王导和自己的谈话。

王导对王羲之说："羲之啊，你也不小了，也已经成亲，之前因为你二伯父的事，我王家大不如前，我这一辈的兄弟已经没剩几个了，王家还是要靠你们这些小辈。我知道你素来无心仕途，可是你忍心看我王家就此衰落吗？"

王羲之小声应道："逸少不敢。"

王导微微颔首，类似的话他从前不是没有和王羲之说过，可是每一次王羲之都以各种理由搪塞过去了。

"逸少啊，我已年届五旬，看我这两鬓斑白就知道我为家族操了多少心。你父亲若是还在，也是我这般年纪了。你们这一代兄弟，虽然悦儿、籍之他们几个比你年长，可是论声望都越不过你去，当初就连你二伯父那般目空一切的人也最看好你，说你的影响当不比阮思旷差。你不能有负各位伯父、叔父的培养和期望啊！"

王羲之说："逸少明白。逸少既受了家族恩惠，就必须承担家族责任。"

王导长舒了一口气，说："你懂得就好。伯父也不是硬逼你，实在是形势迫人啊！我世家子弟入仕大多从秘书郎、著作郎起步，你就去秘书省吧，免得朝中有人说三道四。过几年看情况再调动一下，朝中虽没了你二伯父，总还有我和你家叔父王彬。你岳父也不会看着不管的。"

王羲之连连应"是"。

东晋的秘书省负责掌管各种图书经籍，大约相当于今天的国家图书馆、国家档案馆。秘书郎官居六品，在世族看来职位不高，但许多寒门子弟也许努力一生都坐不上这个品级。在注重门第的魏晋时代，这一切都很正常。那时候还没有科举考试，家世和声望就决定了一切。

虽然不愿入仕，但是见到秘书省的府库，王羲之还是震惊了。他显得有些手足无措，完全失了大家子弟的气象。

王家是北方大族，也是世代书香之家，不然也不会以书法闻名。虽然南渡时不得已丢弃了大部分书籍，但在建康城十余年的经营也让家里的藏书越来越丰富。饶是如此，王羲之站在秘书省的府库中，还是叹为观止了。

第一天下班的秘书郎王羲之回到家中时仍旧兴奋不已，给母亲问了安回到自己的房间，他迫不及待地拉着郗璿坐下说："璿儿，你知道秘书省吗？"

郗璿倒了一盏茶，送到他手边，说："我知道，是收藏历代典籍图书的地方。怎么，秘书郎大人，你是看到书山文海了吗？"

"是啊，是啊！我这二十几年出入最多的地方就是书房，父亲的书房，伯父、叔父们的书房，自己的、好友们的书房，还有岳父大人的书房。可是，别说书了，璿儿，就是秘书省的典籍目录就足够让我眼花缭乱了！"

郗璿取下王羲之一直握在手中的茶盏，怕他不留神泼在书上："你如今已经入仕，是个大人了，怎么还叫我'璿儿'，不是应该称'夫人'了吗？"

王羲之说："在内室，就叫'璿儿'，老了也这么叫。这有什么啊，王戎夫妻两个还不是天天'卿卿我我'地叫，都传为佳话了。"

郗璿低低地笑，打他的手："'竹林七贤'中可不就出了这么一个奇人！最开始说的时候，那可都是笑话。"

王羲之不接她的话茬儿，神秘而又得意地看着她说："记不记得我跟你说过，伯父有钟繇的《宣示表》，二叔父有索靖的《七月廿六日帖》，都宝贝得不得了？"看郗璿点头，王羲之接着说，"我在秘书省看到了胡昭、索靖、张芝他们的真迹，还有蔡邕和钟繇的！"

这回激动的人变成了郗璿，她向前俯身，扯

住王羲之的袖子说："真的吗？有很多吗？能带出来吗？"那可是前代书法家的真迹啊，怎么能不动心？

郗璿对书法的痴迷也不逊于王羲之，她可是"女中笔仙"啊！听丈夫说起秘书省的好处，郗璿也心向往之，恨不能化作男儿身跟着去看看。

王羲之拉她："你坐下，就算借不出来，我也可以临给你看啊！"

郗璿应了一声，坐下来发呆。

王羲之觉得妻子很是可爱。也想明白了当初二叔父王廙给自己看的那些前朝名帖来自何处——元帝是叔父的姨表兄，叔父又是太子司马绍的书画老师，这皇家的东西借来看看总还是能够的。

秘书省清雅幽静，每天的空气里都弥漫着书香和墨香，王羲之很喜欢这样的生活，他觉得秘书郎这个没有多少事情的闲职就是为自己量身定制的。

二

咸和九年（334）。

暗黄的灯影下，郗璿在为丈夫打点行装。庾亮奉旨代镇武昌（今湖北鄂州市），征调王羲之到军中做参军。

王羲之任秘书郎不久后，晋明帝司马绍病故，五岁的太子司马衍即位，太后庾氏临朝听政。虽然名义上由王导和庾亮辅政，但因为太后庾氏是庾亮的亲妹妹，所以朝政大多由庾亮决断。后来庾亮决断失误导致了长达一年多的"苏峻之乱"，庾亮引咎提出退隐，皇帝不答应，他就请求外调，先是出镇芜湖，在名将陶侃死后又代镇武昌。

郗璿在灯下忙碌，王羲之放下手中的书看着她说："又让璿儿操劳了。"

郗璿说："也无妨了。先前你在秘书省做了三年多的秘书郎，先帝封了会稽王，你又去会稽王府中做了会稽王友，除了先前在临川当太守的那段时间，也一直没怎么离开京城。"

郗璿口中的会稽王是晋元帝的幼子司马昱，在咸和三年（328）十二月被封为会稽王，之后建府选官。王府的官员设置师、友、文学各一人，虽然没有实权，但是地位很高，一般以才学出众、品行高洁、声望卓著的人来担任。"王友"的主要工作就是平时伴随幼王读书，王府有客时陪同会客，也是比较清闲的职位。司马昱比王羲之小十七岁，王羲之对他来说其实亦师亦友。

听郗璿说到临川，王羲之道："母亲和兄长的墓还在临川，北方的琅邪故地一时怕是回不去了，等将来寻得合适的地方一并迁来，也方便朝夕祭拜！"

郗璿说："难得这次说起临川，你没有先惦着你治下的百姓。"

王羲之接过郗璿手中的笔匣放入箱笼，说道："我若隐于山林，倒也可不必想这些事情。但既然做了他们的父母官，又怎能在其位而不谋其政呢？如今倒是离得远了，远离临川也远离京城，又从执掌军政彻底做成了武官。"

郗璿说："你这个参军，其实就是个幕僚或者智囊，哪里真的就懂得行军打仗了？难不成你还能亲自上阵杀敌？"

王羲之假装不悦道："璿儿小瞧我王羲之！"说完自己绷不住就笑了。

郗璿也笑："我知道，你们王家文武双全，书都不是白读的，平日也知晓强身健体。我倒听说那谢家，连女儿也会些刀剑之术，不如将来娶个媳妇回来吧！"

王羲之拉着郗璿坐下来，右手抚上她隆起的腹部："等这个出来，若还是个儿子，我就替他去谢家求个媳妇回来。"

王羲之的长子王玄之出生在咸和元年（326），腹中这个是第二胎，果然又是个儿子，取名王凝之。王凝之后来娶了谢奕的女儿谢道韫，谢道韫果然是个能拿笔又能拿剑的女子。

"可惜我不能照顾在璿儿身边了！"王羲之喟然叹息。

"无妨，长嫂会照顾我的。"郗璿宽慰道。三年前母亲卫氏去世，随后兄长籍之也英年早逝，长嫂周氏就一直和他们生活在一起。

因为只是戒备，武昌驻军大多时间都是用来关注江北的局势，王羲之在军中一时倒也无事，只是每天望着长江的滚滚浪涛揣摩书法之道。

那时候，名士殷浩、周抚、庾亮的弟弟庾翼以及王家的兄弟王胡之、王兴之等人也都在武昌军中，大家年龄相仿志趣相投，经常一起吟诗咏唱。武昌有一楼，名曰"南楼"，地处高冈、视野开阔，最适宜登高吟咏，就成了大家最常去的地方。

一个秋夜，见天气凉爽月色清幽，王羲之等一干青年才俊便相约登南楼吟诗唱诵。大家聚在楼顶旁若无人高声吟哦，兴致正好的时候，忽然听到木质楼梯上传来重重的木屐声，大家猜想一定是庾亮来了。

不一会儿，果然是庾亮带着十几个随从走了上来。这群人纷纷起身，想把楼顶让给庾亮，庾亮却慢悠悠地说："诸位贤才再稍微待一会儿吧，老夫对吟咏也很感兴趣。"大家只好坐下。庾亮也坐在胡床上，和这些年轻人一起吟诗谈笑，气氛轻松融洽，所有人都感到十分尽兴。此楼后来得名"庾亮楼"。

后来王羲之回到建康，跟伯父王导说起南楼秋夜。王导说："和你们一群小子在一起，庾元规的气势不得不稍有收敛。"王羲之回想了一下当时的情境，说："唯独那种心怀丘壑的幽雅情致还保留着。"

庾亮虽和王导政见不合，但却特别欣赏王羲之，不久后就提拔他做了长史，还说王羲之是全国推重的人。庾亮的原话是"逸少国举"，所以后人说他有"拔萃国举"之功。

三

东晋士族的圈子就那么大，各种政见纷争、志趣差异下，关系相对密切的也就那么几家。就王羲之本人而言，他和颍川庾氏关系不错，也特别喜欢和陈郡谢氏兄弟来往。

谢尚只比王羲之小五岁，两个人都工于书法、擅长清谈且风姿卓然，很能玩到一起。因为谢尚的缘故，谢安、谢万两个虽然比王羲之小了十几岁，却一直与他交往甚密，谢安更是跟随王羲之学了很长时间的书法。

这一天，王羲之和谢安一起登上冶城。这冶城位于建康城西的一个小土山上，据说为吴王夫差所筑，因为城中建有较大规模的冶铸作坊而得名。小土山也因此得名"冶山"。

临风而立，王羲之说道："相传这里曾有'吴王剑池'，更有人说'干将'和'莫邪'二剑就是在这里铸成的。"

谢安漫不经心地说："挂心这天下、这干戈，倒不如遁于东山之中。"他神情悠然地凝神远眺，仪态之间可见超尘脱俗之志。

王羲之想了想，对他说道："夏禹为王事尽力，亲自奔波治水，手脚都长了老茧；周文王每天忙到暮色深沉才能吃上晚饭，总是觉得时间不够用。如今战乱四起、兵祸连连，人人都应当自觉为国效力。空泛的言谈荒废政务，浮华的辞藻妨害国事，醉心清谈恐怕不是当前所应该做的。"

谢安不以为然地回答说："秦朝任用商鞅，他推行变法，勤于公务，但秦只传了两代就灭亡了，难道也是清谈导致的祸患吗？"

王羲之看看远处，又看看谢安，微笑着摇了摇头。他想起自己像谢安这么大的时候，也是如何地向往山林不愿出仕。

"我听说王丞相当初劝你出仕也是费了好大的

周张。"谢安年轻气盛、不依不饶地盯着王羲之。

王羲之忽然大笑起来："我那时和你现在一般大，想的和你也一样。若不是为了家族，谁又愿意出仕呢？更何况我这么个骨鲠的性子！不过朝堂之事看得多了，也更关心百姓疾苦、国家安危，等你到了我这个年纪就知道了。我倒希望朝廷安稳，谢家无虞，能让你守住本心。"

这一年王羲之的伯父丞相王导和岳父太尉郗鉴在不到一月的时间里先后去世。两位重臣的离世，对王羲之的家族和东晋政局都产生了极大的影响。而他的一番劝诫其实是因为看到了谢安过人的才能。

庾亮之弟、庾翼之兄庾冰在王导之后开始承担朝廷重任。庾冰一次又一次地派人请谢安出山，谢安不得不应召，但仅仅一个月后就告病而归。后来一直到四十岁，兄长谢尚去世，弟弟谢万被废为庶人，家族走向衰颓之际，谢安方才正式出仕，最终成为一代贤相。

王羲之虽然在冶城劝谢安入仕，自己却无心仕途，做了一段宁远将军、江州刺史，就找了个理由赋闲在家。

一天午睡醒来，听说庾翼来访，王羲之十分高兴。二人少年齐名，又同在武昌军中度过一段难忘岁月，感情自非常人可比。

奉茶已毕，王羲之说道："稚恭此番前来，所为何事？"

庾翼说："我要说路过你家门前，进来看看，你信吗？我长兄说你明辨是非、性格磊落，临终前上疏保举你，朝廷升迁你做了宁远将军、江州刺史，结果你做了没多久就不干了，终日读书习字、流连山水。朝中公卿不想让你闲在家中，召你做侍中、做吏部尚书，你也不肯去。你放心，我不是来劝你的，我知道我劝不动你！"

庾亮临终前上疏称王羲之"清贵有鉴裁"是朝中人所共知的事情，也是让王羲之十分感动的事。因为庾亮和王导在朝堂之上多有对立，所以庾亮对王羲之的举荐尤为难能可贵。

王羲之一边示意庾翼喝茶，一边说："我以为你又要来找我比试书法。"

庾翼一挥袍袖说："逸少你少气我。从前人们说你的字不如我和你内弟都方回，后来又说咱俩不分伯仲，再后来人都说你大有长进远超于我，我是不服气。可是看到你写给我大哥的信，看到你的章草，我不是已经服气了吗！我还给你写了一封信，说你的字'焕若神明'可与张芝媲美。这些你都忘了啊？"

"没忘。你说你的字是'家鸡'我的字是'野鸡'的事儿，我也没忘。"看庾翼若有所思不说话，王羲之又很诚恳地说："不过，你家兄长曾向我求教书法，我可是打发回去找你了。我告诉他，有你在，他用不着跑这么远来找我。我可没真觉得我一定比你强！"

庾翼白了他一眼，正色道："逸少，不与你说笑，我有正经事。北地乃我晋朝故地，河山破碎自当有人收拾。我想率军北伐光复故土，可是朝中众臣习惯了偏安一隅，纷纷反对，说此刻时机不对。"

"稚恭，放心，我支持你！咸和二年（327）苏峻之乱，你还未曾入仕，却能以白衣身份带领数百人守备石头城，你的经世大略和秀伟风仪可是让我时常怀想啊！"

庾翼走后，王羲之上疏给皇帝称："羲之死罪。伏想朝廷清和，稚恭遂进镇，东西齐举，想克定有期。羲之死罪。"后人将这幅传诸后世的王羲之墨宝称为《稚恭进镇帖》。

兰亭雅集

一

晋穆帝永和九年（353）。

又是一年草长莺飞，杂花生树。

望着铜镜之中斑驳的白发，王羲之蓦然惊觉：自己竟然五十岁了！当年那个高大俊朗、意气风发、承载家族希望和朝堂期许的少年已经年届半百，而且过得并不是很如意。

郗璿走到镜前，接过梳子，替王羲之一下一下梳理着头发，只字不提黑发白发。

王羲之握住郗璿的手，说："这些年璿儿同我吃苦了！"

郗璿说："如今儿女绕膝，生活无忧，哪里就吃苦了。"

王羲之说："永和四年我做了护军将军，经常往返各地，疲于奔命，家中全靠你一个人。永和六年我想去宣城郡任职，朝廷不许，我心情郁闷，是你每日与我谈书说字，意在开解，你的苦心我都懂。"

郗璿拍了拍他的手说："你我是结发夫妻，如今长辈都已不在，家中又没有妾室，只能你我互相扶持。所幸如今儿女成行，连最小的献之也九岁了。"

"是啊，献之在学书上也是最像我的。你还记得吧，他七八岁时写字，我在他身后偷偷拔笔却拔不动，可见力量不错。他在书法上必会有大成就！"说起献之王羲之很是感慨，若论写字，这个儿子最像他。

"献之四五岁的时候字就写得有模有样了，永和四年你为他写了《乐毅论》，姨母也写了《大雅吟》送给他。这一晃，姨母已经不在了，虽然是七十八岁高寿，却还是让人心里难过。"郗璿说的姨母就是卫夫人。

"姨母过世到现在已经四年了，好在她的墓就在剡县，离得近，还能时常祭拜一下。两年前，要不是殷渊源极力相劝，我也不会答应做这会稽内史、右军将军。他不知道这两个寒门庶族，甚至一般贵族都无法企及，更无法集于一身的官职，在我王羲之的眼里毫无吸引力。"王羲之也说不上是在埋怨殷浩，还是在埋怨自己。

"殷渊源是久负盛誉的人，你们年少时又同在武昌军中，他只是不想浪费了你的一身本事。"郗璿替殷浩开脱。

"唉，他呀，不提他还好。去年我给他写信，让他和桓元子重修旧好，可是他不听我的话啊！将相不和，各执一端，这样下去，对朝政、对个人都没有什么好处。"桓元子就是东晋权臣桓温。

想起汉代《古诗十九首》中的句子"生年不满百，常怀千岁忧。昼短苦夜长，何不秉烛游"，王羲之转身来到书案前，展纸、提笔。

郗璿很自觉地过来帮他，看到一串名字，满心猜度地问："这是要干嘛？"

王羲之一边挥毫，一边说："约人，一起过上巳节。"

上巳节是周代留传下来的节日，最初起源于对人类始祖伏羲、女娲以及主管男女婚姻的"高禖（媒）"神的祭祀。因为此节定于三月上旬的第一个巳日所以叫"上巳"。魏晋以后，上巳节改为每年的三月三，每到这一天，水边游人士女不绝如缕。

郗璿笑道："《周礼》上说三月上巳，要以香薰草药沐浴，难不成你要约人一起洗澡？"

王羲之也笑："璿儿又调皮了！上巳节的祭祀被叫做'禊'或'祓禊'，是在水滨求上天除灾求福，但没说除了这个就不许做别的。《论语》中'暮春者，春服既成，冠者五六人，童子六七人，浴乎沂，风乎舞雩，咏而归'应该就是春秋时期的上巳风俗，如今我们大可以郊外踏青、水边宴饮。"

"行，你去宴饮。我还是得依照旧俗，给你和孩子们准备沐浴的兰汤。""以香薰草药沐浴"中最常用的香草就是屈原楚歌祭辞中经常提到的兰草，兰草是古人眼中有灵性的植物，"兰汤沐浴"既是祭祀前的最高仪式，也有去除疾病的功效。

听郗璿说"兰汤"，王羲之立刻笑道："我知道了！"

郗璿说："你又知道什么了？"

王羲之说："兰亭。我就把大家约到兰亭。"

兰亭是王羲之的私家园林，位于山阴西南的兰渚山麓，因春秋时越王勾践曾在此植兰，汉时设驿亭而得名。

二

没人知道王羲之一共发出了多少张请柬，我们只知道那一年的三月初二，会稽郡山阴县西南，风景秀美的兰亭，车马络绎冠盖盈门，仆从如云、人声鼎沸。

当日参加兰亭雅集的共有40余人，除了王羲之和王氏子弟还有30多位宾客。在以"竞豪奢"著称的晋代，没有哪一个贵族会轻车简从，甚至只骑着一匹马就来赶赴一场名人云集的盛会，即使被邀约的人里不乏军中武官。

王羲之率领他的六个儿子，即长子王玄之，次子王凝之，三子王涣之，四子王肃之，五子王徽之，七子王献之一起迎候宾客，在礼节上可以说是隆重至极。

有眼尖的人问起："为何不见操之？"王玄之连忙代答："六弟生病未愈，恐妨了长者雅兴。"这一年王羲之的长子王玄之已经二十六岁，少子王献之九岁，只这一群儿子就让不少宾客心生艳羡。

东晋政权虽然名曰司马氏的天下，实际上却由琅邪王氏、颍川庾氏、谯国桓氏、陈郡谢氏、太原王氏五大家族先后掌控。此次聚会，除了太原王氏未获邀请外，颍川庾氏来了庾亮的侄子庾友和庾蕴，谯国桓氏来了桓温之子、晋明帝外孙桓伟，陈郡谢氏来了谢安和谢万；此外的泰山羊氏、陈郡袁氏、高平郗氏、太原孙氏等也无不是当世名门。宋代苏轼《满江红·东武会流怀亭》词中所言"君不见兰亭修禊事，当时座上皆豪逸"，是毫不夸张的现实主义描写。

这一天天气晴朗、微风和煦，众人见面不免一番揖让、寒暄。

王羲之说："今日上巳，新朋故交难得一聚，不免依例行'曲水流觞'之事。请各位随我来。"说罢，将众人引至早已造好的水道旁边，安席落座。

"曲水流觞"起源很早，可以说是风俗，也可以说是游戏。就是将斟至半满的酒杯放置于弯曲的水道之上，让它顺流而下，酒盏停在谁的面前谁就饮酒赋诗，不能作诗的人就要罚酒，一杯或是几杯全看在场者的心情。

永嘉太守孙绰并不急于坐下，而是顺着水道看了一遍，说："右军将军这水道造得好啊，水流既不过于滞涩，无法流觞，也不会过急，冲翻酒杯敬了河神。生不逢时，当年魏明帝曹叡为求此雅意专门建造的'流杯亭'和专门开的'曲水宴'我都没有见过，但今日的上巳宴会可是名副其实的'曲水宴'了。"

王羲之拉他坐下，说："叫什么右军，叫名字。今日在此，除了我家子侄，其余人不必分长幼，只求畅意赋诗，痛快饮酒。"

谢安说："作诗得有作诗的规矩，只限四言五言，不拘哪一种都要作得出来。凡作不出者，需罚酒三杯。"他看了一眼年龄最小的王献之，"就是献之你，作不出诗也要饮酒。"

王献之伸头看了看父亲，王羲之看看谢安说道："哪有个当叔父的样子！无妨，若是醉了，就吐他一身。"

"曲水流觞"的游戏开始，第一杯酒就停在了孙绰面前。

孙统笑道："谁让你刚才说水道修得好，果然你是有缘人。"众人都跟着大笑。孙家与王家一样自北方南渡而来，孙统和孙绰兄弟都是当世文学大家，孙绰更是与许询齐名的玄言诗领袖。

孙绰也不客套，唤人送纸笔过来，坐在席上便笔落成诗：

春咏登台，亦有临流。
怀彼伐木，宿此良俦。
修竹荫沼，旋濑萦丘。
穿池激湍，连澜觞舟。

王羲之与众多宾朋行曲水流觞雅事。

众人听他吟诵，都说应情应景，近处的人传阅之后又说书法、文学俱佳。

有了这个开头，人群便热闹了起来，该作诗作诗，该饮酒饮酒。

酒杯停在王献之面前。因为有了父亲之前的话，他也不扭怩，和大人一样连喝三杯，只是谢安主动为他换了小杯。

之前早就料到这种情况，郗璿也曾想过让献之勉力为诗，王羲之说："还是算了，来的这些人大多是当世文豪，就不要让小孩子献丑了，又不是什么神童。"郗璿想想也是，就罢了，只是叮嘱献之跟在哥哥们身边，不要胡闹。

这一天因为没能赋诗而被罚酒的，除了王献之还有谢瑰、卞迪、卓旄、羊模等十五个成年人，所以献之并不丢脸。

这边"曲水流觞"的游戏结束，就已经有人数出共得诗三十七首，其中郗昙、庾友、庾蕴、孙嗣、桓伟等十五人或四言或五言各作了一首，王羲之、谢安、谢万、孙绰、孙统、王彬之、王凝之、王肃之、王徽之、徐丰之、袁峤之等十一人都作了四言、五言各一首。

　　谢安道："难得如此盛会，不如援金谷会旧例，汇诗成集。"西晋惠帝时期，石崇邀请潘岳、陆机、左思等人在自己的金谷园中"昼夜游宴"，其后将游宴所赋之诗结集。谢安说的就是这件事。

　　众人都为这个提议叫好，一致商议诗集就叫《兰亭集》。又说有集必有序，如石崇作《金谷诗序》一样，务必请东道主人王羲之也作一篇《兰亭集序》。

三

　　听到众人商议，王羲之于微醉之中不免逸兴遄飞，于是一面唤人取蚕茧纸来，一面亲自从笔架上选了一支鼠须笔。

　　蚕茧纸是用缫丝剩余的蚕茧壳制成的纸，质地洁白细密；鼠须笔顾名而知乃用鼠须制成，和其他笔比起来，笔锋强劲有锋芒。世传张芝、钟繇皆用鼠须笔，王羲之传习二人书法，在用笔上自然也多有效仿。

王羲之走到开阔处挽起袍袖，早有僮儿展纸侍立，王献之主动捧墨。

永和九年是癸丑年，上一年是壬子年。

此时正是春之初至，一年才刚刚开始，王羲之又是酒意正酣，先是写下"永和九年"四字，"岁在"之后便依着惯性欲写"壬子"，可"壬"字刚写了两笔便发现，自己于恍惚间竟忘了岁时已然更替。文势刚起便加以涂抹或是替换重来总不是美事，赧颜微笑之际，王羲之便将"壬"字描绘成"丑"——虽然中间一横的确长了些，却也不算难看——又在上面字空儿里添了一个特别扁小的"癸"字。围观人众看出其中玄妙，纷纷夸奖他的巧思，王羲之却不免想到：这才真正是"老之将至"啊！

《兰亭集序》本是一蹴而就的文章，没有腹稿更没有草稿，落笔之时自不暇细想。写罢"此地有峻领（岭），茂林修竹；又有清流激湍，映带左右"，王羲之略觉不妥，遂于"峻"之右上复写"崇山"二字，终成"崇山峻岭，茂林修竹"之句。添此二字，不但句式愈发工整，连气势也愈发雄强起来。

王羲之一路幽思辗转，不觉由眼前盛景想到世事所托、死生所寄，写罢"固知一死生为虚诞，齐彭殇为妄作，后之视今亦犹今之视昔"大有意兴阑珊之感。更写两字不甚满意乃信手涂去。重以"悲夫"起笔，仅作三十余字便收结全文，不顾墨迹，将笔掷于献之怀中。

纸短情长，毫末生锋，权将一段英雄气，尽付后人遣兴怀！

众人围拢来看，不时有惊叹之声发出，但见全文如下：

> 永和九年，岁在癸丑，暮春之初，会于会稽山阴之兰亭，修禊事也。群贤毕至，少长咸集。此地有崇山峻岭，茂林修竹；又有清流激湍，映带左右，引以为流觞曲水，列坐其次。虽无丝竹管弦之盛，一觞一咏，亦足以畅叙幽情。是日也，天朗气清，惠风和畅，仰观宇宙之大，俯察品类之盛，所以游目骋怀，足以极视听之娱，信可乐也。

夫人之相与，俯仰一世，或取诸怀抱，悟言一室之内；或因寄所托，放浪形骸之外。虽趣舍万殊，静躁不同，当其欣于所遇，暂得于己，快然自足，曾不知老之将至。及其所之既倦，情随事迁，感慨系之矣。向之所欣，俯仰之间，已为陈迹，犹不能不以之兴怀。况修短随化，终期于尽。古人云："死生亦大矣。"岂不痛哉！

每览昔人兴感之由，若合一契，未尝不临文嗟悼，不能喻之于怀。固知一死生为虚诞，齐彭殇为妄作，后之视今，亦犹今之视昔。悲夫！故列叙时人，录其所述，虽世殊事异，所以兴怀，其致一也。后之览者，亦将有感于斯文。

此序通篇28行324字，凡有重复之字皆有笔法变化。众人读罢，无不称赞"文是好文，书是好书"，又有人说此文足以匹敌当年轰动一时的《金谷诗序》。能被人与石崇作比，王羲之不免也有些欣然自喜。

对于这篇序文，后来的人们更是不吝赞美之

辞，称其"飘若浮云，矫若惊龙""龙跳天门，虎卧凤阁""铁书银钩，冠绝古今"。

倘或王羲之当日不曾宴客、不曾饮酒、未起结集之念、未被推举作序，写作时又未能心潮起伏、情郁于胸，自不会有后世所见文学史上的精品和书法史上的绝品。而离开了他的贵族出身、仕宦理想，离开了他的熟读经史、出入儒道，这一切都无法成立。

众人赏罢羲之之作，又推举孙绰作《兰亭集后序》。孙绰年少的时候便以文才著称，当时文士公推孙绰为首，温峤、王导、郗鉴、庾亮这些朝中重臣去世一定都是由孙绰起草碑文，然后刻石落葬。

孙绰笑说："孙绰不与主人争胜。"

王羲之将笔塞到他手里说："你是不屑与主人争胜。"

孙绰于是写下了兰亭盛会上的又一名作：

古人以水喻性，有旨哉斯谈。非以停之则清，混之则浊邪？情因所习而迁移，物触所遇而兴感。故振辔于朝市，则充屈之心生；闲步于林野，则辽落之志兴。仰瞻羲唐，邈已远矣；近咏台阁，顾深增怀。为复于暧昧之中，思萦拂之道，屡借山水，以化其郁结。永一日之足，当百年之溢。

以暮春之始，禊于南涧之滨。高岭千寻，长湖万顷，隆屈澄汪之势，可为壮矣。乃席芳草，镜清流，览卉木，观鱼鸟，具物同荣，资生咸畅。于是和以醇醪，齐以达观，决然兀矣，焉复觉鹏鷃之二物哉？耀灵纵辔，急景西迈，乐与时去，悲亦系之。往复推移，新故相换，今日之迹，明复陈矣。原诗人之致兴，谅歌咏之有由。

这一天风和日丽，宾主尽欢。

王羲之不知道，因为他的一时兴起，兰亭就此成为了中华文化史，尤其是中华书法史上的重要地标。同样没有人想到，后来的日子里，王羲之手书的《兰亭集序》被推为"天下第一行书"，而中国书法艺术最高奖被命名为"兰亭奖"。

会稽风云

一

　　会稽是一处山明水秀的地方，在东晋这样一个以自然审美为风尚的时代，包括阮裕、谢安在内的许多时贤都隐居于此。王羲之也是一来到会稽就爱上了这里，立刻就决定将来一定要终老于此。但是在会稽的做官经历，并不像会稽的山水那样让王羲之开心。

　　郗璿觉得自己应该是知道一些原因的，却也觉得自己知道得不是很清楚。有一天，她经过正堂，远远见王羲之正在会客，言谈间声音略有激愤，就走到绿竹掩映的窗边侧身倾听。女子不宜见外客，虽然郗璿的年纪已经是五旬上下，道理上仍是如此。

郗璿错步而立，随时准备抽身，又挥手叫丫鬟走得远些。窗子半掩，她看不清来客是谁，声音也听不出。

只听来客说："逸少当年与怀祖齐名，如今却在怀祖之后做了这会稽内史，似是有些委屈了。"客人口中的怀祖，是王羲之的前任会稽内史王述。王述字怀祖，出身太原王氏，与王羲之算是同祖不同宗，因为袭了父亲蓝田侯的爵位，所以世人也称他为"王蓝田"。

"我王羲之十三岁在周顗家宴上一举成名，他王怀祖三十岁还被叫做'痴儿'，他怎么能够与我相比！要是没有我伯父看在他已故父亲王安期的面子上，提拔他到京畿军中任职，他如何能够得到盛名。我伯父用他也知他，曾经和太尉庾元规说过他心胸不够开阔。我二叔家兄弟胡之曾经问王长史说'我家逸少和你家怀祖相比如何'，胡之说我名气更盛更尊贵，王长史只能回答王怀祖也不能说不尊贵，却没法说他有一点点过我之处。"

客人说："王怀祖为母居丧才卸了这会稽郡的差使，你们这前后任之间的衔接可还妥当？"

王羲之说："想我初到会稽之时，治下发生饥荒，百姓无以为炊。民以食为天，百姓没饭吃能活吗？我开仓放粮赈济灾民还得和下属官吏辩论才行。发生这样的大事，官吏都没有同情心，怎么能说王怀祖治下有方？这些年朝廷的赋税劳役十分繁重，会稽郡尤其厉害，我经常为这些事上疏抗争，提议也大多被今上采纳。这样的事还需要等着我来做，足见他王怀祖没有爱民之心。我做会稽内史之前是他做会稽内史，都说我是因为他回家为母守丧才有机会来到会稽。我倒要看看，为官一地，到底谁能比谁做得更好！"

"逸少如此说来，我倒想起一件事。王怀祖的母亲去世，他就在这会稽山阴办理丧事。有人说你屡次提及要前去吊唁，却一天天拖着不去。后来你登门了，也有人通报了，王怀祖在屋子里已经按照礼节哭了起来，你却不进去会面就转身离开，以此来羞辱他。你这件事做得也太过分了些。"

王羲之道："你这都是听谁说的啊？"

客人道:"这你别管。也有人说你去了,但只去了一次就不再登门。这登门吊丧三次成礼,据说王怀祖每每听到外面有内史仪仗出行的号角之声都以为是你来见他,就洒扫庭院准备待客,结果这样过了几年你都没有去。这个大孝子恐怕恨死你了!"

王羲之说:"我一向厌恶王怀祖。这个人性子很急,身上没有一丝风度,不对我的脾气。所有人都知道,他有一次吃鸡蛋,用筷子扎没有扎到,便十分生气地把鸡蛋扔到地上。看鸡蛋在地上转个不停,他就从坐席上下来用木屐的齿去踩,又没有踩到,就气急败坏地拾起鸡蛋放在嘴里咬破再吐掉。即便是他父亲王安期那样有名德的人,倘有这样性格也一无可取,更何况是他王怀祖?"

"但他做官以后不也开始控制自己的性子吗?有一次他惹恼了谢无奕,谢无奕骂他他一句都不回应,只是面壁而坐,一直到谢无奕离去。"

王羲之不以为然:"都说谢无奕性格粗鲁,我看是王怀祖自知理亏不好辩白。"

停了一会儿,王羲之又说:"这个王怀祖,当初他家里很穷，就请求朝廷让他做宛陵县令。那期间他收受了不少贿赂，用来为自家修补房屋、购置用具，被上级检举弹劾时列举的条目竟有一千三百项之多。我伯父曾派人去劝他，说他父亲是个名士，让他不用担心没有富贵，他找借口说当时自己还没有发达。后来进入州郡做官，他清廉无比，家里的东西很破了也不换，还把俸禄、赏赐都分散给亲戚朋友，就开始被人称赞。我看他就是沽名钓誉罢了。"

郗璿听了一阵，摇摇头走开了，她想不到丈夫对王述是如此激烈的态度。

二

这一天，王羲之已经把自己关在书房整整一个下午了。

这样的情形在郗璿的眼中很是平态，她知道，自己的丈夫经常会进入忘我状态。

可是当郗璿走进书房叫丈夫吃晚饭时，却发现他正陷入沉思，面前展开的纸上只写了几行字，大部分都还空着，看开头应该是一份奏表。

看到郗璿满是疑问的目光，王羲之勉强地笑了笑说："璿儿不必担心，只是想和皇上讨论一下北伐的事。"

郗璿虽然只是一个妇人，但父兄皆是朝中重臣，自幼的耳濡目染和在丈夫身边所受的熏陶让她对一些国家大事也有所留意。

北伐对东晋王朝来说一直是一个关键词，也是敏感词。毕竟东晋重臣绝大多数都是从北方迁居于此的，收复国土还于旧都的愿望和对故乡的眷恋与追怀，无时无刻不萦绕在心上。郗家出身于高平郗氏，郗璿在闺中时也常听父亲说起山东老家的风物。

"夫君何意？"郗璿一边替王羲之收拾案上的书册，一边随口问道。

"何意？自然是反对殷渊源领军北伐。"王羲之一脸的气愤与无奈。

"殷渊源？殷渊源不是与你与交往甚深，常说你清雅高贵、见识过人，在他眼里没有人能比得上你吗？而且当初他还大力举荐你，极力促成了你来会稽任职。听你平素所讲，你俩也算得上是莫逆之交了。这是怎么了？"郗璿很担心丈夫因为骨鲠的毛病开罪了老朋友。

"璿儿放心，我俩没事。私交是私交，国事是国事，焉能混为一谈？"

"当年庾稚恭决定北伐时，不少人强烈反对，夫君你却大力支持。如今殷渊源领军北伐连圣上都大力支持，这数年来一直陈兵在颖水附近，你为何要反对？"郗璿是真的不懂。

"建元元年庾稚恭北伐，东西齐举进退有法，我自然对他充满信心。如今十年过去，北伐不是不可以，但只要打仗就会增加百姓的负担，苛捐杂税再加上兵役，很容易伤到国之根本啊！再说，殷渊源这个人深爱老庄，终日空谈，在处理军务上实在是没什么才能。更何况，你以为此番他为何要坚持出兵？他与桓元子素有嫌怨，如今桓元子手握重权，他心有不甘，北伐只是想建立军功与桓元子争权罢了。如此能力，如此用意，放他北伐如何能取胜啊！"这番肺腑之言，王羲之怕也是只能与妻子说说了。

"夫君所虑甚深。早前就有人暗中说，上巳节你请了一群军政要员去兰亭，根本就不是为了雅集，而是为了秘密商议如何阻止北伐之事。可是真的？"

"真什么真啊！有谢安石那个不理朝政的家伙，还有一群孩子在，我们能商议什么！走走走，吃饭去！"

虽然深负北伐之志，但是又担心贸然出兵损伤国力，王羲之按照自己的想法上书给皇帝。遗憾的是，他恳切的言辞没能打动皇帝，也没能阻止殷浩北伐的进程。

永和九年十月，正如王羲之所料，殷浩北伐以大败收场。消息传回朝中，群臣黯然。

王羲之没有因为自己预料准确而感到高兴，更不可能因为殷浩的失败而兴灾乐祸。他匆匆回到家中，给殷浩写了一封信。永和八年，为了内外和协，王羲之就曾郑重地给殷浩写过一封信，劝他与桓温缓和关系，可是殷浩根本就没听他的。虽则不听，劝还是要劝的，王羲之对朋友自有一番真心意真性情。

王羲之磨墨提笔，略一思忖，写道："今军破于外，资竭于内，保淮之志非复所及……"自长江以外，羁縻而已。"意在劝其审时度势暂退江南，日后时机成熟再图收复北方。想了想，王羲之又蘸墨写道："除其烦苛，省其赋役，与百姓更始。庶可以允塞群望，救倒悬之急。"他是告诫殷浩要注意减轻百姓的负担，其深层意思也在于防止百姓因不满政令而引发国家动荡。

因为素日的嫌隙，桓温在永和十年（354）正月接连上疏，指责殷浩不但连年北伐失利，而且粮草军械尽为敌方所获，请皇帝降罪处罚。被皇帝废为庶人后，殷浩衔恨流入东阳信安，于两年后去世，王羲之不免为之叹恨连连。当然这是后话。

三

王羲之担任会稽内史的第三年，也是王述为母亲守丧的第三年。

古代礼法规定，父母去世要守丧三年，官员不论品阶多高都要去职还家，叫做"丁忧"或"丁艰"。说是三年，其实只有二十七个月。王述在永和七年（351）回家守丧，到了永和十年，守丧期满即将重回朝堂。

王羲之欲在会稽终老，非常不愿王述回来接替自己的职位。他经常以揶揄的口吻对朋友说："王怀祖终丧应当去做尚书，到老就可以做到仆射。如果再来做会稽内史，那就太糊涂了。"

王述丁忧期满，没听说他要回来做会稽内史，却听说朝廷想提拔他出任扬州刺史。扬州刺史下辖数郡，会稽郡正是其中之一。想到自己十分看不起的王述有可能成为自己的顶头上司，王羲之郁闷极了。

思来想去，王羲之派了一名参军到京城去，请求把会稽从扬州划分出来，划为越州。结果派去的人不但没把事情说清楚，还泄露了王羲之与王述的恩怨，让王羲之成为一时之笑柄。

王述接到朝廷的征召赴京受职之前，主动拜访了扬州治下的所有地方官员，却唯独没有去见王羲之，临行的时候也只是礼节性地道个别就走了。这无异于是对王羲之的公开羞辱。

王述上任后，命人偷偷察访会稽郡的各种问题，责备王羲之此前颁布的政令不够严密，在施政上更是毫无章法。王述去会稽郡检察工作时也是突然造访、各种挑剔，弄得王羲之很是狼狈。

王述的作为让王羲之十分苦恼，他心怀愧叹地对自己的儿子们说："我方方面面都不比王怀祖差，结果地位、境遇却和他相差悬殊，应该就是因为你们不如他的儿子王坦之。"王玄之等人面面相觑，不知道该说什么好。

王羲之赶走几个小的，留下几个大的，对他们说："王怀祖的声誉越来越高，不过都是沽名钓誉所得，我王羲之看不起他就是看不起他！我本来就不愿混迹官场，如今让王怀祖做我的上司更是奇耻大辱，我决定辞官归隐，再不出山。"

这一年王羲之的长子王玄之已经二十九岁，次子王凝之二十一岁，第五子王徽之也已经十七岁。

王羲之看了一眼儿子们，说道："你们都不小了，早早晚晚都会走上仕途，有些事也该说与你们听听了。"他示意儿子们坐下，"如今朝中，会稽王和桓元子的斗争显而易见。会稽王乃元帝幼子，是皇族，与今上的祖父是亲兄弟，今上已是他辅佐的第五位皇帝。桓元子娶了南康公主，是今上的姑父，是皇亲。王怀祖和他儿子王坦之是桓元子一派，听说两家还在商议联姻。会稽是会稽王的封地，我又曾做过会稽王友，天下人自然把我归入会稽王一派，可如今会稽王与我并不像从前一般亲近，当年他引殷渊源入朝就是不需要我了。"

王羲之的这种"不被需要"的感觉，或许也与尚书右仆射王彬、丞相王导相继去世后王家政治势力的衰落紧密相关。

"可是父亲，王氏到底是名门，您又是天下名士，即便是托病辞官，朝廷也还会再来请您出山的。这政治漩涡您仍旧是躲不开啊！"王玄之是长兄，有他在轮不到弟弟们开口。

"此番辞官，我意已决。若再度出仕，必会贻笑士林。办法我早已想好，你们不用担心。只是日后的仕途之上，为父不能替你们遮风挡雨了。"

当初，王羲之到会稽内史任上一安顿下来，就准备将母亲的墓从临川迁到会稽。恰好凭着兄长籍之去世前留下的线索，父亲王旷的尸骨也已经从北方寻回，就择个吉日一并安葬了。至于王旷当年的事情，王羲之一直讳莫如深，他说自己并不清楚细情，只听说父亲是伤重不治为国捐躯。这件事当年就没有定论，又过了几十年，皇帝不根究，旁人自然也不好多加追问。

永和十一年（355）三月初九，王羲之一面向朝廷上疏求去，一面携妻带子来到父母墓前。

王羲之郑重设宴，在父母墓前行稽颡大礼，宣读了自己早就写好的誓文。誓文曰：

维永和十一年三月癸卯朔，九日辛亥，小子羲之敢告二尊之灵。羲之不天，夙遭闵凶，不蒙过庭之训。母兄鞠育，得渐庶几，遂因人之，蒙国宠荣。进无忠孝之节，退违推贤之义，每仰咏老氏、周任之诫，常恐死亡无日，忧及宗祀，岂在微身而已！是用寤寐永叹，若坠深谷。止足之分，定之于今。谨以今月吉辰肆筵设席，稽颡归诚，告誓先灵。自今之后，敢渝此心，贪冒苟进，是有无尊之心而不子也。子而不子，天地所不覆载。名教所不得容。信誓之诚，有如皦日。

王羲之的誓文激愤而决绝，辞官的理由也足够冠冕堂皇——因为"进无忠孝之节，退违推贤之义"，担心"死亡无日，忧及宗祀"，所以急流勇退。最后一句"信誓之诚，有如皦日"，用现代汉语来说大致就是"让太阳来见证我的誓言"或者"我对着太阳发誓"，一般用于毒誓或重誓。他祭祀时所行的稽颡礼就是后世所称的"五体投地"，行礼时屈膝下跪，双手朝前以额触地，表示极度的虔诚。这礼仪和誓词都表明了王羲之终身不再仕进的决心。

既然发过重誓，任谁当了皇帝也不便再度召他入朝，王羲之此后的确再也没有进入官场，从而得以远离政治风云。

问　道

一

自从退隐之后，王羲之的日子过得无比放达。他每日悠游自在，经常去寻支道林，和他清谈论辩。

支道林就是东晋高僧支遁。他俗家姓关，名遁，字道林，二十五出家，从师姓支，世称支公，亦称林公，学问广博，善写草书隶书。

"林公，林公，我又来了！"虽然王羲之年长支道林十岁，却喜欢这样称呼他。

"右军又来作甚？"支道林一边毫不客气地发问，一边笑着出来迎接他。

王羲之自顾往里走："我就喜欢来这山中，找你谈禅。"

"我信佛，你信道，谈什么禅？又不是你瞧不上我、不爱理我的时候了？"支道林说的是王羲之刚刚出任会稽内史时候的事儿。

那时候，孙绰很喜欢支道林，就对王羲之说："支道林标新立异，胸中见解十分高妙，你想见见他吗？"王羲之未置可否。他一贯傲气自负，在心里很是轻视年纪不大的支道林。后来孙绰和支道林同乘一辆车来到王羲之的住处，王羲之对支道林也很冷淡，不愿跟他交谈，不一会儿支道林就主动告辞离开了。

王羲之喝了口茶说："既然知道我不爱理你，你怎么后来又主动来找我，还耽误我出门见客？"

支道林坐在蒲团上，看也不看他一眼："我是怕你错过了听我高论的机会。"

王羲之说："那会儿我正要出门，车子都已经在门外等着了。是谁说让我先不要走，说让我听他稍微讲几句话，然后就跟我谈论起了庄子的《逍遥游》。而这'稍微讲几句话'，就变成了喋喋不休的几千言。"

支道林仍是不急不徐地说："我是说了不少，可是我说完了，你倒是走啊！是谁敞开衣襟，解开衣带，脱去外袍，说不走了要和我好好聊聊？"

王羲之也不生气，说："是我，行了吧！你就站在那儿说了那么久，连坐都不坐，才华横溢，辞藻新奇，如同繁花绚烂交映生辉。当代名士最重老庄之学，个个以为自己能言人所未言，其实不过尔尔。我难得遇到一个像你一样让我服气的人，怎么舍得走啊！好好地说这些旧事，无非就是想让我再夸你一遍，要不就是为了说我当初对你很是傲慢无礼。这么计较，一点也不像个出家人。"

支道林忍不住笑了："我这好茶也堵不住你的嘴。"

两人说了一会儿当年趣事，又就玄学和佛教、道教的是非争论起来，一时难分高下。这些都是魏晋清谈的内容，涉及争论却可以不伤感情。

支道林说："今天就到这里，去看看我养的马。"

王羲之一边起身陪他去看马，一边说："难得你还知道停下来。谢无奕去世的时候，谢幼度在家守丧，你到人家家里去直到傍晚才离开，还兴高采烈地说总算是有机会和他畅谈了一次。清谈的兴趣浓厚至此，已经不知将礼法挤到何处去了。"谢幼度就是后来率晋军取得淝水之战胜利的谢玄。

支道林虽是出家之人，却爱好畜养马匹，专门在寺后辟了一块地作为马厩。

支道林的马养得的确是好，个个膘肥体壮，精神十足。王羲之夸夸这个、夸夸那个，然后忽然就笑了起来。

支道林说："五十几岁还如此不稳重，你笑什么呢？"

王羲之说："我曾听人说，你升座讲经，只顾标举大义，有时就会遗漏辞章文句。拘守经文那些人讥讽你鄙陋无知，谢安石却极力称赞你，说你说法正如九方皋相马一样，只看其骏逸与否而忽略其毛色是黑是黄。"

支道林说："玄学糅合儒释道，本是玄远之学，谁像他们一般胶柱鼓瑟。"

王羲之说："九方皋只相马，不论人。你不但品评人物，还喜欢挑事儿。我听说你问孙兴公，他和许玄度相比如何。兴公说要论情趣高远，他对玄度早已心悦诚服，但要说到吟诗咏志，玄度却要拜他为师。"他们说的这两个人就是孙绰和许询。

支道林毫不在乎地说："我就是问问，话是他自己说的。他二人齐名已久，爱孙的人不爱许，爱许的人不爱孙，他说什么想来玄度也不会在意。我倒听说你去招惹玄度，你问玄度，自己和谢安石、谢万石相比谁更强一些，不等人回答，你就说自然是谢安石更强，但谢万石恐怕是要和他怒目相争以论高下。"

王羲之说："我还不是跟你学的。有人问我家兄弟王胡之和谢家两兄弟相比怎么样，你说当然是仰头高攀谢安石、俯身提携谢万石。除了这些人，我听说你又去招惹王坦之，把《即色论》拿给他看了。他怎么说？"

"别提了，他什么都没说。我问他说：'你是在心里默默背诵吗？'结果他嘲讽我说：'这里又没有文殊菩萨，谁会懂我的意思呢？'"文殊菩萨的故事出自《维摩诘经》，文殊菩萨问维摩诘"仁者当说何等是菩萨入不二法门"时，维摩诘默然无言。文殊菩萨赞叹说："善哉！善哉！乃至无有文字语言，是真入不二法门。"王坦之用此典故的确是在嘲讽支道林不懂自己的意思。

"算了算了，甭理他，他太原王氏哪里有我琅邪王氏这般有趣！"王羲之劝解道。

支道林不领他的情，看了看天色说："又是暮色将至，我这里只有斋饭，更何况我过午不食。你快回家去吧，明日我要出门，要闲聊就去找那个老道。"

二

支道林说的老道叫许迈。

也是在会稽为官的时候，王羲之结识了道士许迈。因为都信仰道教的缘故，王羲之辞官之后，二人往来更为密切，王羲之甚至和许迈一起前往桐柏山住了很长一段时间。桐柏山就是今天的天台山。

桐柏山中，许迈放下身后背着的竹筐，拂了拂已经有些潮湿的衣裳，指着一块平坦的大石头说："右军啊，坐下歇歇。"

王羲之也放下自己的竹筐，却没有坐下，而是手扶一棵松树向下望着山腰的云雾说："这山里，好美的景色，好大的雾气！无怪人说'风光在险峰'，从下面看是无论如何都看不到这上面的奇石美景的，只能看见云雾缭绕。或者他们看我们就和仙人一样，就立在这云雾之中、云朵之上了。"

许迈看了他一眼说："等你我真成了仙人，脚踏祥云，行在雾里，这衣裳大概就不会湿了。"

王羲之道："你修道日久，应当知道这天、地、水乃至于人，皆是一气所分、互通互感，皆因气质清浊有异，方才上下有别。这桐柏山当真是洞天福地！"

许迈道："此处自是地上仙境。但你说起清浊有异，我倒想起那盘古开天辟地之处也叫桐柏山，这山名大概皆因山中多生桐树柏树而来。盘古的桐柏山最早见于《尚书》，《山海经》和其他典籍都说淮水是盘古身死之后其血所化，水源出自桐柏山太白顶。大禹治水曾三至桐柏山，秦始皇东巡天下，命人在淮水源头设立淮祠，历朝皇帝都派人到那里祭祀淮水之神。"

王羲之说："那处桐柏山有盘古，咱们脚下这桐柏山，虽不是开天辟地之所却也有历史，东周时王子乔和浮丘公就曾相携游历，并在此讲经布道。"

"是是是，你说得对。毕竟王子乔是你们姓王这些人的祖宗，他的事儿你们比我熟。"许迈也不与他争辩。

王羲之坐下说："自东汉以来，我王家世代信奉五斗米道，对这修炼登仙的事也很是热衷，我三叔不但生前服食丹药，去世时还陪葬了许多。我服食之后，也觉得身轻体健，如今也还算得老当益壮。"

许迈看着王羲之问他："这些事你和我讨论就对了。可是你怎么从来不问我的来处，就这么放心地跟着我走？"

王羲之说："你自何处来并不重要，我只需知道你一心修道成仙，要向何处去就行了。"

许迈说："你不问，我偏要说。我本是丹阳句容人，原叫许映，字叔玄。我家虽没有你王家显赫，却大小也是世族。我小时候就喜静不喜动，也不想用自己这一生来谋求加官晋爵。我十几岁的时候曾去拜访郭璞，你知道，郭璞的卜筮天下无双。他给我算了一卦，说我的大吉大利都源自天上，应当抛弃家业学习升仙之道，我也深以为然。"

王羲之说："可惜我没有请他为我卜上一卦。"

许迈说："他没有为你卜卦，倒是为你那大将军伯父卜了。你那伯父起兵之前请他占卜，他卜出的结果是'无成'，还劝你伯父兵回武昌。你伯父很生气地让他算自己的命，他说命尽当日正午，你伯父盛怒之下就按他自己说的，在当日正午杀了他。事实证明，你伯父起兵可不就是'无成'吗！"

王羲之不无遗憾地回应道："说来这都是三十多年前的事了。"

许迈说："就因为他的卦象和我心中所想一样，我就努力修道。当时南海太守鲍靓，也就是葛洪的岳父，隐居修道，没有人知道他在哪里。我就按照残存的线索，大概找到了他的所在。但是当时父母尚在，我不忍心违背他们的意愿立刻出家入道。有人说余杭的悬溜山接近延陵的茅山，既是洞庭的西门，又在暗地里通往五岳，是东汉末年修道成仙的陈安世、茅季伟经常游历和居住的地方，我就在悬溜山建了一处精舍用来修炼。我在悬溜山和我家乡的茅山之间往来，不理俗世的事务，只想寻找仙人的洞府，只是每月初一十五回家看望父母而已。等到父母都去世了，我就将妻子放还回娘家，和那些与我志同道合的求仙者一起遍游名山大川。当初我在桐庐县的桓山采药，服食苍术三年之久，这药久服可以养身成仙，我有时不需要吃饭就能终日不饥。"

"那你后来怎么不在那里住了呢？"王羲之终于忍不住好奇，问了一句。

许迈叹了口气，说："我本来住得好好的，经常练习呼吸吐纳，纳外气、养内气、和阴阳、通经络，后来练到呼吸一口气能持续千余息的时间。但是桓山常有人来，不能专心修道。即使在四面扎起篱笆，那些想要见我的人也会登楼大呼小叫，他们以此为乐，我却不得清静，烦得很。永和二年，我移入临安西山，攀登山岩采集芝草，心旷神怡自得其乐，就想终老在那里。于是改名为玄，改字为远游，又写了十二首谈论神仙之事的诗。再后来，我就认识了你，你每次跑到我那儿都是一待一整天，连家都忘了回，闹得我现在没了自由，只好带着你一起入名山、访名道，采仙草、炼仙丹。"

王羲之不由拍手大笑道："你嫌弃我还带我一起出来，教我学习黄老养生之法？嫌弃我还叫我帮你写经画符？枉我还认为自己结交了世外高人。"

许迈起身道："不说了，不说了，咱俩还是去采石炼丹吧！"

三

和支道林一起是谈老庄之道，和许迈一起是求神仙之道，回到家中的王羲之也自由得很。平日读经、写经、画符箓，身体不适或是心有所念的时候还会喝符水。

符水就是把画好的符箓烧成灰放入水中，有一些流派的道教信徒相信喝符水可以治病强身，王家世代信奉的五斗米道就是这一派。五斗米道就是天师道，在东汉顺帝初年由张天师张道陵创立。

郗璿走到窗边的短榻旁，看到榻上堆着《老

子》《庄子》《黄庭经》，还有一本《尚书》。

郗璿心中诧异，问了一声："这怎么还有本《尚书》？"

王羲之捡起《尚书》，说道："我在看这里面的《禹贡》，我想找找哪里出产上好的丹砂。"丹砂就是朱砂，是一种深红色的矿物，是炼制丹药的重要原料。

"丹砂可以养精神、安魂魄、益气明目、杀精魅邪，可是只找丹砂哪儿够啊，你还要有雄黄、白矾、曾青、慈石才行。"

听出郗璿话中的戏谑，王羲之说："你说的这种'五石散'配方是何晏说的，何晏、嵇康他们吃的也都是这种。何晏说这种丹药平日服用也能让人觉得神清气爽，还能治病，葛洪也说它是仙药。虽然我服食之后也这么觉得，但总觉得应该还有更好的配方，等我试出来再告诉你。"

"好，你试出了天鼠膏、地黄汤可以用来治疗耳聋，陟厘丸可以止泻，我倒也想看你炼丹能炼出什么来，只是小心别把你的丹鼎烧炸了！"

王羲之笑道："所以我听许迈的话把丹房建在

山上，只用上好的丹炉、丹鼎。说起来我和许迈一道跋山涉水时，寻岩穴，访高道，心情无比畅快。后来他独自出行，曾给我写信说，从山阴县南到临安这一路之上，多有神仙居住的金堂玉室，很多地方都可以看见服食可以成仙的芝草，包括能役使鬼神的左元放在内的那些东汉末年得道成仙的人都在那一带出没。可是我现在不想找他，我只想去蜀地找周道和，和他一起登汶岭、望浮云。"道和是益州刺史周抚的字。

"你和周道和这一别可有二十几年了吧？"郗璿算了算，轻声问道。

"周道和这人与我王家大有渊源，与我更是投缘。当初他曾参与二伯父起兵，兵败之后蛰伏了一阵子，不知怎的得了伯父青眼，被引荐出镇襄阳，后来因为战事失败被免官。咸和初年（326），苏峻之乱时伯父再次起用他，后来他就做了益州刺史，镇守蜀郡。益州那边也不太平，惠帝光熙元年（306），巴氐人建了个国家，定都在成都，国号叫'大成'。建元元年（343），道和奉庾稚恭之命攻打大成，打了四年多，才在永和三年和元子一起灭了他们。都说他是名将，可'大成'在那边盘踞快五十年了，道和这仗也的确打得辛苦。从他做了益州刺史我俩就再没见过，虽然没断了书来信往，可到底是没能见面啊！"

"去年夏天的那些邛竹手杖也是他寄来的吧？"邛竹产在成都附近的邛山，竹节很长而且中间不空，很适合做手杖。

"对啊，他寄来那么多，我一个人也用不了，就送了一些给身边有年纪的人，并且告诉他们这是从益州，也就是从道和那儿得来的。他还给我寄过青李、来禽、樱桃和日给藤的种子，我种在园中日日观赏，那果子和他寄来的胡桃你不是也吃到了？这些东西，多吃些是可以延年益寿、得道成仙的。"这些年王羲之和周抚两人时时互有馈赠。

"又是得道成仙！依我看，你想去汶岭，就是想去青城山拜张天师。"郗璿毫不留情地揭露王羲之。

"青城山我当然想去啊，那可是张天师结茅传道羽化登仙的地方，据说山中还有张天师亲手所植的银杏树呢！"作为一个虔诚的道教信徒，王羲之是真的想去拜谒。

"我就说嘛，你这天天修道炼丹的，根本不是惦记朋友。"

"修道炼丹和惦记朋友可不冲突，若是有朝一日我能白日飞升，一定把你和儿孙、朋友都带着。"

"算了吧，儿孙自有儿孙福，他们没准儿还留恋这俗世呢！"虽然时有病痛，可郗璿真的觉得这俗世的天伦之乐也挺好。

金庭余晖

一

坐在金庭瀑布山下，看着一带清流自山中轰隆隆倾泻而出，王羲之转向郗璿，略有些得意地说："我选的这个地方很好吧？"

郗璿说："会稽山水让人流连忘返，你能在会稽发现这金庭更是独具慧眼。住了五六年，每天都还是让人心荡神驰看不够。"

"是啊，当年入剡县，经过这金庭，看见一座座山峰全都奇丽幽渺与世隔绝，我便下了决心在此终老。可是看着眼前这山，我总是想起汶岭、想起周道和是怎么回事？我想再给他写封信。"

"嗯，写信，你这些年可是没少写信。求医问药你写信，送朋友三百枚橘子你写信，前阵子就下场雪你还写信，跟朋友说'快雪时晴，佳'。刚刚退隐的时候，你经常给各路朋友写信，炫耀自己每天植桑种果、率子抱孙、游观林下、尽享天伦，问人家什么时候才能有如此快乐。不过这信啊，你还真是给周道和写得最多。你跟我说说，这些年，你俩都聊了些什么？"

"我俩么，有时候会一起怀念一下老朋友，说说我们在武昌军中的趣事，有时候也会说些彼此的家事。还有，大多时候就是说蜀地。你知道的，我对巴蜀之地一直心有向往。永和初年，殷渊源做扬州刺史时，我就让他派我去走走。道和说蜀地山水有诸多奇景，我觉得扬雄《蜀都赋》、左思《三都赋》都没他说得全。我问道和有没有见过蜀地的盐井、火井，如果见过就给我说说到底是什么样的。我问他严君平、司马相如、扬雄这些人可有后代，问他谯周的孙子谯秀是不是像人们传说的那样节行如一。"王羲之的语调略为迟缓，这些年的病痛让他已生出明显的老态。

"我知道，你还问过他，蜀地尚存的汉代讲堂是汉代哪个皇帝建的，听说壁画是三皇五帝以来的历史，就想让人家给你临摹一份。"

"对啊，那之前我在京城遇到诸葛显，就是诸葛亮的后辈，他说成都的城池、门屋、楼观都是秦朝时司马错修的。只此一言，便令人遥想前人。我就想问问道和，这是真的吗？可惜我在江南他在蜀地，他是封疆大吏不能擅离职守，想见面，大概只能是我过去一趟了。"王羲之一时有些慨叹。

"我知道，这是你这些年的心愿，可是因为我的病，因为小儿子的婚事，都耽搁了你的行程。"郗璿是真的懂他的心思。

"别乱说。你我夫妻也快四十年了，你病得那么重我怎么能走？蜀地之行哪有你重要？儿子的婚事也重要。那会儿就是想，待他成亲，家里的大事就算完毕了，我再出门也就心无挂碍了。"

"你的那些老朋友啊，庾家兄弟都不在了，殷渊源也不在了，谢家那几兄弟没的没、远的远，就连谢安石也不得不离开东山去了朝堂。没想到竟是你和周道和，虽远隔千山万水却一直没断了联系。"

"可不是吗，之前我给道和写信，说算算时间我和他分别已经有二十六年了，虽然时常有书信往来，却难以疏解久别思念之情。上一年，读他先后寄来的两封信，只能是更增喟叹和感慨。我跟他说那会儿的积雪一直凝寒不化，真是五十年未曾见过的景象，说希望今年的夏秋之间，能再收到他的信。后来想想他应该七十岁了，我也快六十了，我就又给他写了一封信，说我想去汶岭这件事情应该提上日程了，我希望他能保重身体，等我前去。"

"去到那里，你又如何？"郗璿很久没有看见丈夫如此兴奋了。

"只要我到了蜀中，我就叫他派人来接我啊，不需要太隆重，不需要人多，只要有人接我就行了，想想就令人开心啊！要是能与道和同登汶岭、峨嵋而归，那一定是一件不朽的盛事。只是这样说说就已经令人心驰神往了。"

看着王羲之异常高兴的样子，郗璿按住他说："控制情绪！"

王羲之说："我好不容易如此高兴，你却破坏兴致。当初谢安石曾经对我说，自从中年以来，他常因喜怒哀乐情绪过于激动而损害身体，每每与亲友告别，总有几天心情抑郁。我跟他说人到了桑榆晚景，自然会这样，我是依靠音乐排遣忧闷，总担心被儿女辈发觉影响他们欢乐的心情和志趣。"

郗璿说："搅了你的兴致，我弹琴给你赔罪总行了吧？我这年纪大了，虽然手指没有从前灵活，琴曲却还没有忘尽。"

二

王羲之有一个居住在山阴的朋友，姓张。关于他的来历郗璿不是很清楚，只知道王羲之尊称他为"张侯"，那封以"快雪时晴"开头的信就是写给他的。

有一天张侯带着两只白鹅来看望王羲之，王羲之大喜过望，留他饮酒。

酒意正酣时，王羲之说："张侯此来，可有所求？"

张侯说："无所求。"

王羲之说："当真无所求？"

张侯笑道："右军是被吓怕了吧？我听说当初就在我山阴县，有个道士养的鹅体态优美、鸣声动人，你去观赏时想买，道士不卖，却要你写一卷《黄庭经》来换。可有此事？"

王羲之道："此事不假。那鹅确实养得好，在陆上闲庭信步姿态雍容，在水中双掌轻拨意态天成，鸣叫之声也高亢嘹亮，不由人不喜欢。那《黄庭经》是我素日读熟的，只半日就写好了，然后他还白送了我一只鹅笼。"

"有人说那道士是专为你养的鹅，是处心积虑想得到你手书的《黄庭经》呢！"张侯略有不平之意。

王羲之说："即使他真的是处心积虑我也没吃亏啊，不就是一卷经书嘛，我还可以再写。我们都得了自己想要的东西，有什么不好吗？"

张侯大笑道："右军如此豁达，实在是难得！我听人言你初到会稽之时，听说有一个孤身独居的老妇人养了一只鹅，叫声特别好听，就派人前去求购。人家不肯卖，你只好让人传话说改日亲自登门。结果老妇人一高兴，就把鹅煮熟了等你来吃，让你叹惜难过了一整天。"

王羲之说："唉，不提也罢，是我误了那只鹅！"说罢起身，饱蘸浓墨，在对面的墙上一挥而就写了一个大大的"鹅"字。是真正的一挥而就，中间只转腕不抬笔，只一笔就写了一个字。沉吟片刻，王羲之又道："说来惭愧，我也因鹅误了一位高僧啊！"

张侯说："不关你的事，是他的机缘到了。"

他俩说的这件事山阴人都知道。早前王羲之特别喜欢一颗珍珠，时时在手边把玩。有一天珍珠忽然不见，他怀疑是被寄居在家里的和尚偷走了，因为不好明说就对和尚冷淡起来，和尚便绝食坐化了。结果家人杀鹅时发现珍珠被白鹅误吞入腹，王羲之于是舍此宅院建了一座佛寺。此寺就是今天绍兴的戒珠寺。

关于王羲之爱鹅的原因，坊间多有传言。有人说王羲之"生性"爱鹅；有人说这份喜爱与年幼时鹅儿饺子铺的故事有关；有人说因为王羲之的性情与白鹅之洁净孤高相仿佛；有人说鹅之行步姿态、鹅项之自如婉转以及鹅之两掌行水之势，都与书法运笔颇有相通之处，所以鹅才得王羲之爱重如此。但凡有人问起，王羲之都只是笑而不语。

张侯随王羲之坐回原处，端起酒杯道："右军的字写得越发好了！我听说早些年你曾给朝廷写过祭祀天地的祝版，后来圣上命人更换祝版上的题词时，工人削了好半天也没能把你原来的字迹刮掉，后来仔细一看才发现每个字的墨迹都渗入木板深处，所以人家说你运笔有力'入木三分'。"

王羲之微微一笑，说："如今人都说我的字好，可是我自己知道，我的书法当初连庾稚恭和都方回都比不过，后来靠勤学苦练才能有所成就。有段时间庾稚恭一直不服气，后来他给我写信说当初他有十张张芝的章草，南渡的时候在仓惶中遗失了，经常感叹那样绝妙的书法作品绝迹了，直到看到我写给他兄长庾太尉的信才发现我的字完全可以媲美张芝。不客气地说，我自己也觉得我的楷书和钟繇不相上下，我的章草与张芝也如同大雁排行。"

张侯说："我不但爱你的字，也爱你兴之所至便题字送人的性情。"

王羲之道:"你说得对,的确得'兴之所至'才行。有一次我到一个学生家中做客,看见他家的棐木几案光滑干净,就在上面写了些字,我还记得一半是楷书一半是草书。这学生说他如获至宝,每天都对着仔细揣摩,后来这些字被他父亲无意中刮掉了,他懊悔了好些日子。可我总不能再给他写一遍吧!"

张侯道:"你是不能。我听说前阵子那个卖扇子的老妇人找你,你也没有再给她写。"

张侯说的是王羲之曾经在戢山遇到一个卖六角竹扇的老妇人,王羲之看她生活贫苦,扇子也卖得艰难,就在她的每把扇子上分别写了五个字。老妇人很不高兴,哪有人不买扇子却在人家的东西上面乱写乱画的呢?王羲之笑着对老妇人说:"你只说这字是王右军写的,每把扇子要卖一百文钱。"老妇人半信半疑地按他说的叫卖,人们都抢着来买,扇子卖出了比平时高几倍的价钱。过了几天,老妇人拿着一批新的竹扇请王羲之题字,王羲之只是笑笑没有答应。

当老妇人第二次找到王羲之，想让他题字时，王羲之并未答应。

眼看天色渐晚，张侯起身告辞，一边向外走一边问："你那老友许迈，如今向哪里去了？"

王羲之道："这个人倒是好久没有音讯了，没有人知道他去了哪里，有人说他已经羽化登仙了。要是不腿肿得厉害，不宜出行，我大概还跟他在一起呢！"

三

夕阳西下，倦鸟归林。

王羲之立在窗边写了个"永"字递给郗璿，说："这瀑布山上就是我王氏始祖王子乔吹笙的白云洞。你说当年的梦里，在我手上写了一个'永'字的会不会就是他老人家啊？他跟我说这'永'字是书法秘诀，让我务必仔细钻研。我问他是谁，他只说了'天台白云'四个字。"

"你叫他'老人家'？我看道观里供奉的这位'老人家'都是年轻人的样子啊，你不是说给你手上写字的是一个白胡子老头儿吗？"郗璿年纪大了以后，总喜欢和王羲之唱反调，"我看你啊，就是日有所思，夜有所梦。如今你这'永字八法'可都教给孩子们了，学成什么样儿就都得靠他们自己了。不过，你这制笔的技术也得传给他们，谢安石、庾稚恭他们都觉得你做的笔好，都想要，可你小气得谁都不愿给。"

"是没给笔，但谢安求纸时我不是给了吗？要我说啊，这字也不见得都得写在好纸上，我于竹叶、树皮、山石、板木，乃至于素纸、笺壳、藤纸之上，皆有得意之作。近年所写的《黄庭经》渐入佳境，也自有得意之处。"王羲之换了一个侧卧的姿势。

郗璿帮他理了下衣袖，说："这些年来，你游历南北，读碑帖、摹石刻，字是写得越来越好了，人家都说你所有书体无一不精。你呢，也写了《笔势论》教人写字。可是你我育有七儿一女，连最小的献之都已经十七了，这家里的事你就不管了吗？"

王羲之赶忙道："管，哪能不管呢？你说。"

郗璿看了他一眼，说："前些年你为凝之娶了谢无奕的女儿道韫回来。这媳妇儿是个好的，在闺中之时就因一句'未若柳絮因风起'得了才女之名，可是与凝之却不大合得来，想来是你那二儿子无甚才华委屈了她。"

王羲之说："管他呢，不也一样生儿育女，不也一样孝顺你嘛！我听说献之与人清谈落了下风，还去请他二嫂帮忙，道韫就在青绫步障后驳倒了一群自诩饱读诗书的男子。她若真与凝之不好，又哪里会帮献之出头？"

郗璿白了他一眼说："谢家的人都好，是我郗家的人小心眼儿了。当初你见谢安石、谢万石来，恨不得倾箱倒柜找出所有好东西来款待他们。我两个弟弟来，你的态度就平常得很。"

王羲之看着郗璿笑："我知道，所以璿儿你就背地里告诉他们以后不必上门了。我这两个内弟，一个官至司空，一个做到中郎将，都非平庸之辈，我又怎会厚此薄彼？不过是因为谢家兄弟是客，郗家兄弟是自家人罢了。我若是不待见你郗家人，如何还早早就惦着为献之求娶他舅父之女？"

郗璿笑道："你总是有理的。"

王羲之道："我这数十年来尽得璿儿照顾，又如何敢对郗家人不好？最近这几年，添了许多毛病，时常头晕、目眩、腹泻、腿肿，这手指有时握笔也很艰难，可以说是百病来袭。道家的养生之术、丹药、辟谷，都没有什么用，想必大去之期不远了。这些孩子里，玄之早逝，凝之不大成器，涣之、肃之、操之都是好的，徽之的性子放浪不羁最让我放心不下，但他与献之的兄友弟恭又深有我王氏风范。"王羲之没有提到的独女王孟姜早年嫁于南阳刘畅，生子刘瑾，后刘瑾之女嫁谢玄独子谢瑍为妻，生子取名谢灵运。

郗璿说："你想多了！当年我曾向衡山女道士魏夫人问你寿数如何，她说你若能守静，寿至百岁何难！"

王羲之道："她说的是'若能守静'。这些年的所遇、所感又哪里静得下来啊，可见我不可能寿至百岁。我曾与许玄度说'争先非吾事，静照在忘求'，那年在《兰亭诗》里也说过'有心未能悟，适足缠利害'。唉，我陷于与王怀祖的意气之争，以至贻笑于时贤，实在是不应该啊！早前我在写给殷渊源的信中就说我'素自无廊庙志'，自儿娶女嫁便志在归隐。如今有了这些年的自在悠游，也算是得遂平生之志了。”

升平五年（361），五十九岁的王羲之卒于金庭。朝廷下旨封赠二品金紫光禄大夫之职，儿子们遵照他的遗命没有接受。

后来，王羲之故宅被子孙舍为道观，即今日之金庭观，王家后人则迁至距故宅不远的卧猊山麓。因王家人多擅书画且习惯将作品悬于厅堂，故王家宅第有“画堂”之称，后来此二字易作村名“华堂”。

今日嵊州华堂村，王羲之第六子王操之的后代们仍在守护着瀑布山中的王羲之墓，也守护着属于“书圣”的荣耀与传说。

书圣的故事将永远被后人铭记。

王羲之
生平简表

●◎西晋惠帝太安二年（303）

王羲之生于琅邪临沂（今山东临沂市）。

●◎西晋怀帝永嘉元年（307）

司马越命琅邪王司马睿都督扬州，镇守建邺。司马睿以王羲之从伯父王导为谋主，王羲之随家族自琅邪迁至建邺。

●◎永嘉三年（309）

王羲之父王旷任淮南内史，率将军施融、曹超与匈奴人刘聪

作战，二将战死，王旷不知所踪。

王羲之此年随卫夫人学书。

●◎西晋愍帝建兴三年（315）

王羲之谒见周顗，得周顗赏识先啖牛心炙，由是始知名。

●◎东晋元帝建武元年（317）

三月，琅邪王、丞相司马睿即晋王位，改元建武。十二月，
刘聪杀愍帝，刘琨等劝进，东晋开始。

此年王羲之十五岁。

●◎建武二年（318）

王羲之始学书画于叔父王廙。

●◎永昌元年（322）

王敦反于武昌。王导率宗族二十余人诣台待罪，王羲之
在列。

王敦遥制朝政，元帝忧愤死，太子绍即位为明帝，王导辅政。王羲之叔父王廙卒于此年。

●◎东晋明帝太宁元年（323）

王敦移阵姑熟（今安徽当涂），自领扬州牧。王导为司徒，郗鉴为尚书令。

郗鉴东床选婿，王羲之娶妻郗璿。

●◎太宁二年（324）

王敦再反。明帝任王导为大都督，与温峤、郗鉴、庾亮等讨伐王敦，王敦病死。

王羲之初仕秘书郎或在此年。

●◎东晋成帝咸和四年（329）

王羲之任会稽王友当在此年（上一年十二月司马昱受封为会稽王）。

●◎咸和九年（334）

王羲之丁忧后，入庾亮军中任参军。当于本年或下年迁长史。殷浩、庾翼、王胡之、周抚亦在军中。

●◎咸康五年（339）

王羲之与谢安共登冶城或在此年。

从伯父丞相王导、岳父太尉郗鉴先后卒于此年。

●◎咸康八年（342）

王羲之迁宁远将军、江州刺史。

●◎东晋康帝建元元年（343）

王羲之反对多数派，支持庾翼北伐。

●◎东晋穆帝永和四年（348）

王羲之约于此年任护军将军。为献之书《乐毅论》。

● ◎ 永和七年（351）

王羲之为会稽内史、右军将军。

● ◎ 永和九年（353）

王羲之与亲友兰亭雅集。同年劝阻殷浩北伐，未果。

● ◎ 永和十年（354）

王述为扬州刺史，王羲之与之不合，心生去意。

● ◎ 永和十一年（355）

王羲之于父母墓前自誓归隐。

● ◎ 升平五年（361）

王羲之卒于剡县金庭。

七儿一女中唯长子王玄之早卒，有内外孙计十六人。郗夫人
寿至九十余岁。